Aventurero Descubridor

CARAVANA

Este libro pertenece a: _____

Aventurero Descubridor NAZARENO

CARAVANA

Manual para quinto y sexto grado (edades 10 y 11 años) del Programa Nazareno de Caravana

EQUIPO CREATIVO

David Hutsko, Mike Morris, Eric Wright, Jennifer George

ESCRITORES

David Hutsko, Jennifer George, Eric Wright, Stephanie Harris, Julie Smith, Andrea Callison

Suzanne M. Cook, *Caravana Editor*
Peter Shovak, *Caravana Editor Asociado*

Yadira Morales, *Traductora*
Bethany Cyr, *Maquetador*

Caravan Adventurer Pathfinder Student book
Copyright © 2004, Published by WordAction Publishing Company, A division of Nazarene Publishing House, Kansas City, Missouri 64109 USA

This edition published by arrangement with Nazarene Publishing House

Publicado por: El Ministerios de Discipulado de la Región de Mesoamérica

www.discipulado.MesoamericaRegion.org

www.MieddRecursos.MesoamericaRegion.org

Copyright © 2019 - All rights reserved

ISBN: 978-1-63580-093-7

Todos los versículos de las Escrituras que se citan son de la Biblia NVI a menos que se indique lo contrario.

Impreso en EE.UU.

2

CONTENIDO

Caravana Aventureros

Las Aventuras no siempre son fáciles. Como Aventurero Caravana aprenderás que cada persona no es buena en todo. Habrá algunas habilidades que son fáciles. Habrá algunas habilidades que son muy difíciles. Si eres bueno o no tan bueno en una habilidad particular no significa que eres un genio o un fracaso.

Un Aventurero es una persona que no se rinde sólo porque algo no funciona bien la primera vez. Un aventurero está dispuesto a intentarlo de nuevo. A lo largo de la historia, Dios ha llamado a hombres y mujeres en servicio. Él los ha presentado con las tareas difíciles. Hoy Dios llama a los hombres y mujeres. Él llama a los niños y niñas. Él les pide usar los dones, talentos y habilidades que Él les ha dado. Servir a Dios no es sólo para los adultos. Dios tiene una aventura especial esperando por ti.

El Viaje Caravana

Ganar Insignias y Premios

La palabra *caravana* se refiere a un grupo de viajeros. Trabajan juntos. Aprenden juntos. Se ayudan unos a otros. Como Aventurero Caravana serás parte de un viaje de dos años. Te unirás a otros preadolescentes. Ganarás insignias, irás de excursión, y participarás en actividades especiales. Tu líder adulto se llama guía. Tu guía te enseñará y ayudará a aprender. Tu guía será un amigo especial. Junto con tu guía y los preadolescentes aprenderás acerca de tu mundo, tu iglesia, y Dios.

¿Cómo Puedo Convertirme En Un Aventurero Caravana?

Asistir a las reuniones de Aventureros. No hay otros requisitos de membrecía.

¿Qué Tipo De insignias Y Premios Puedo Ganar?

Hay cuatro tipos de insignias y premios que puedes ganar.

1. *Insignias de Habilidad.* Estas incluyen cosas como la fotografía, la astronomía, títeres, y cocinar. Para ganar una insignia de habilidad, debes completar todos los requisitos para esa insignia.

2. *Valor fundamental de las Insignias.* Los valores fundamentales enfatizan las características que los cristianos deben exhibir. Cada valor fundamental destaca un hombre o mujer Nazareno que ejemplifica esta característica. Hay una historia acerca de cada una de estas personas en tu libro. Para ganar valor fundamental de la insignia, debes leer la información y completar una actividad.

3. *Insignias,* Artículos de fe. ¿Sabes lo que cree la Iglesia del Nazareno? Hay 16 artículos de fe para ayudarte a entender lo que cree la Iglesia del Nazareno. Los Aventureros se aprenden los últimos 8. Recibirás 1 estrella por completar cada artículo de la fe.

4. Premio Lillenas a los aventureros. Este es el máximo galardón de los Aventureros. Para ganar este premio debes hacer lo siguiente:

    a. Completar dos años en el programa de Aventureros, mientras estás en los grados quinto y sexto.

    b. Completar 16 insignias (2 de cada categoría de cada año).

    c. Aprender los Artículos de Fe del 9 al 16.

    d. Completar dos proyectos de ministerio.

    e. Que tu guía presente tu Formulario de *Registro Individual de Seis Años* a la oficina general de Caravana.

    f. Que tu guía ordene el premio Haldor Lillenas.

Uniforme del Aventurero

El uniforme del Aventurero demuestra que eres una parte de un grupo especial. Eres un Aventurero Caravana.

Los Aventureros Caravana llevan el uniforme informal a todas las reuniones semanales, salidas de la Caravana, actividades de la Caravana y proyectos de ministerio. El uniforme informal es la camiseta y jeans del grupo. Los aventureros llevan el uniforme formal para todas las funciones oficiales y ceremonias especiales. El uniforme formal es una camisa/blusa blanca, jeans/pantalones/falda azul marino, y la banda.

Ganarás insignias como Aventurero Caravana. Tus insignias serán colocadas en tu banda Caravana. Esta es la manera en que tu banda se verá si ganas todas las insignias del Explorador y Aventurero.

Banda de Insignias del Aventurero
Instrucciones de Colocación

Cómo Usarla: La banda del Aventurero se lleva sobre tu hombro izquierdo. Las Insignias del Aventurero se colocan en la parte frontal de la banda. (Coloca habilidades adicionales de las insignias, ganadas, mas de ocho por año, en el reverso de la banda.)

Cómo Colocarla: Las Insignias pueden estar unidas por costura, utilizando un dobladillo, o con una pistola de pegamento caliente.

Estas son las insignias que un Descubridor puede ganar.

Logotipo De La Insignia Caravana: Esto es para que todos los aventureros lo lleven. Esto significa que son parte de Caravana.

Broches del Rango Descubridor: Este año eres un Descubridor. Coloca tu broche del rango en tu banda y llévalo con orgullo.

Estrellas Artículo de Fe: Por cada artículo de fe que aprendas, ganarás una estrella. Puedes ganar hasta cuatro estrellas como Descubridor.

Valor Fundamental: Estas insignias son para ambos, Servicio y Compasión.

Habilidades de las Insignias: Como Descubridor puedes ganar insignias de habilidades. Probablemente ganarás ocho insignias este año dos de cada categoría. Si quieres ganar más, habla con los guías, y te ayudarán.

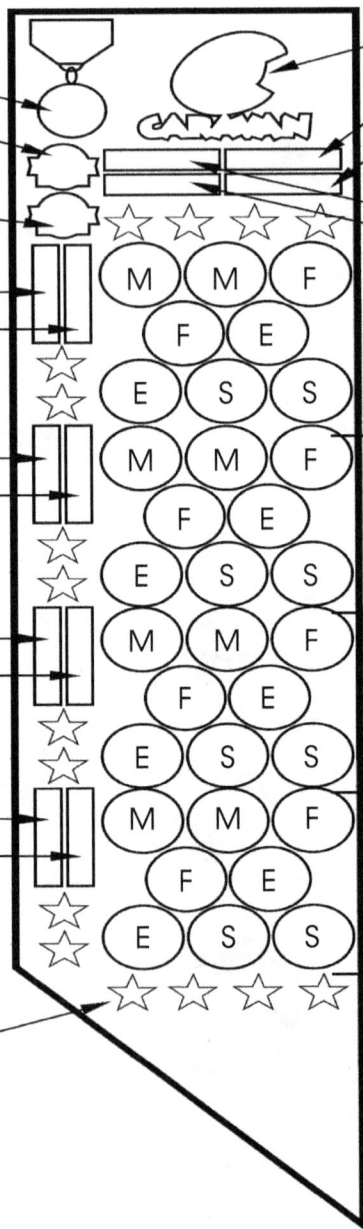

Primo
Phineas F. Bresee

Lillenas
Aventureros

Winans
Explorador

Santidad

Evangelismo

Misión

Carácter

Servicio

Compasión

Educación

Trabajo

Representación
de Estrellas
16 Artículos de Fe

Logo de la
Caravana

Scout

Pionero

Centinela

Descubridor

Centinela

Scout

Descubridor

Pionero

M M F
F E
E S S
M M F
F E
E S S
M M F
F E
E S S
M M F
F E
E S S

(M) Mental
(F) Físicas
(E) Espiritual
(S) Social

8

Rango Descubridor

1. Conocer el signo de Caravana. Cuando tu guía hace este signo debes:

¡Parar!  ¡Escuchar!

_____

Firma del Guía

2. Di el lema Caravana de memoria.
"Confía en el Señor de todo corazón, y no en tu propia inteligencia. Reconócelo en todos tus caminos, y él allanará tus sendas." (Proverbios 3:5-6)

_____

Firma del Guía

3. Di la Promesa del Aventurero Caravana de memoria.
"Como Aventurero Caravana yo:
1. Desarrollaré mi cuerpo y me mantendré físicamente fuerte y limpio;
2. Desarrollaré mi mente a través del pensamiento limpio y el buen trabajo escolar;
3. Amaré mi hogar, mi iglesia, y a todas las personas de todas las razas;
4. Amaré a Dios, leeré la Biblia, y viviré de acuerdo a las enseñanzas de Jesucristo".

_____

Firma del Guía

4. Di el compromiso de tu bandera nacional.

_____

Firma del Guía

5. Di el juramento a la bandera cristiana de memoria.

"Prometo lealtad a la bandera cristiana, y al Salvador para cuyo reino ésta se levanta; una hermandad, uniendo cristianos en todas partes, en servicio y en amor."

_____

6. Di el compromiso a la Biblia.

"Prometo lealtad a la Biblia, la Santa Palabra de Dios. Voy a hacerla una lámpara a mis pies y lumbrera a mi camino. Voy a guardar sus palabras en mi corazón para no pecar contra Dios."

_____

7. Di el Propósito Caravana de memoria.

"Jesús siguió creciendo en sabiduría y estatura, y cada vez más gozaba del favor de Dios y de toda la gente." (Lucas 2:52)

_____

Artículos de Fe del Descubridor

¿Qué son los Artículos de Fe?

Los Artículos de Fe que aprenderás son declaraciones basadas en los Artículos de Fe de la Iglesia del Nazareno. Los Artículos de Fe nos dicen lo que cree la Iglesia del Nazareno. Hay 16 artículos de fe.

¿Cuántos puedo aprender?

Como Descubridor, aprenderás las declaraciones acerca de los Artículos de Fe 9, 10, 11, y 12. Ellos son: Justificación, Regeneración, y Adopción; Entera Santificación; La Iglesia; y Bautismo.

¿Voy a recibir una insignia por aprender los Artículos de Fe?

Recibirás una estrella por cada Artículo de Fe cuando puedas:

1. Dar el número y nombre del Artículo de Fe.

2. Decir el significado del Artículo de Fe en tus propias palabras. La estrella se llevará en la banda.

10

Artículo de Fe 9: Justificación, Regeneración y Adopción

Justificación: Se trata de la acción de Dios para perdonar a los pecadores que se arrepienten. Él hace la relación "como si" ellos nunca hubiesen pecado. (Gálatas 2:16a)

Regeneración: Esta es la acción de Dios para dar vida espiritual a un pecador arrepentido por lo que la persona puede dejar de pecar y vivir la vida cristiana. (1 Juan 5:1a)

Adopción: Se trata de la acción de Dios para hacer que el pecador se arrepienta por medio de Su propio hijo. (Gálatas 3:26)

CREEMOS

▼ Somos justificados cuando nos arrepentimos y aceptamos a Jesús. Dios ya no nos considera culpables de nuestros pecados pasados.

▼ Dios nos da nueva vida espiritual cuando nos arrepentimos. Dios hace posible para nosotros que vivamos como cristianos.

▼ Cuando somos justificados y regenerados, nos convertimos en hijos de Dios. Somos adoptados en la familia de Dios.

▼ La justificación, la regeneración y la adopción ocurre cuando nos arrepentimos y recibimos a Jesucristo como Salvador.

▼ Cuando nos arrepentimos y creemos, el Espíritu Santo nos asegura que somos hijos de Dios.

"Todos ustedes son hijos de Dios."

"Todo el que cree que Jesús es el Cristo ha nacido de Dios."

"Nadie es justificado por las obras que demanda la ley, sino por la fe en Jesucristo."

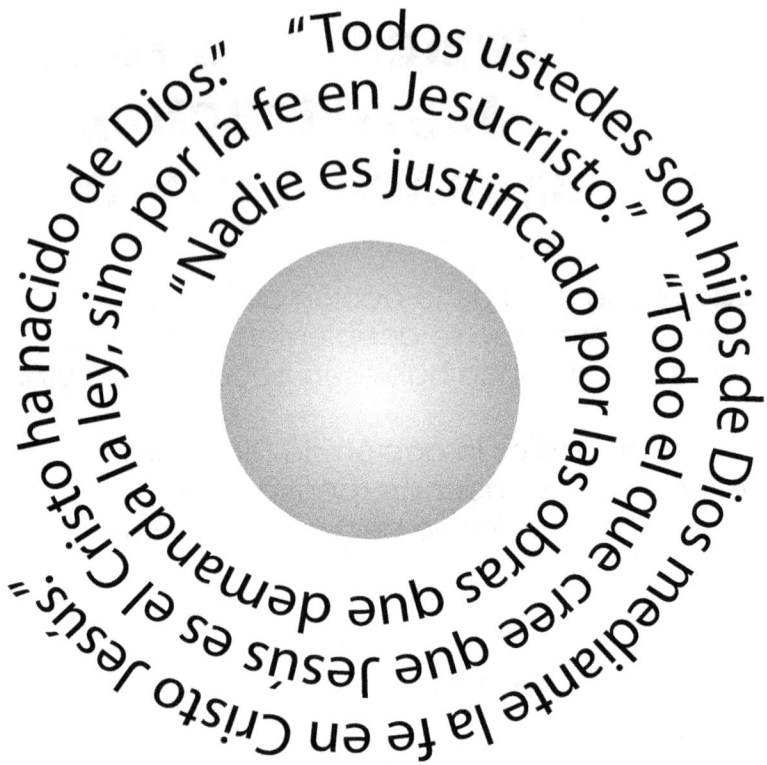

Encuentra las palabras a estos versículos en los círculos. Escribe a continuación.

Gálatas 2:16a _____

_____

_____

_____

1 Juan 5:1a _____

_____

_____

_____

Gálatas 3:26 _____

_____

_____

_____

¡Tu turno!

Escribe tres cosas que has aprendido en el Artículo de Fe 9.

_____

_____

_____

_____

_____

¡Hazlo!

Cuando te arrepientes de tus pecados y le pides perdón a Dios, obtienes cosas nuevas. Haz coincidir la palabra con lo que recibes.

Justificación   **Nueva familia**

Regeneración   **Nuevo registro**

Adopción   **Nueva vida**

Artículo de Fe 10: Entera Santificación

Definición: Santificar significa apartarnos y limpiarnos del pecado. Una persona que está santificada opta por poner a Dios primero en todo, obedecerle, y vivir y agradar a Dios.

13

CREEMOS

▼ Dios es un Dios santo. Dios creó a la gente para tener comunión con Él. El pecado de Adán y Eva rompió la relación entre las personas y Dios. El Plan de salvación de Dios a través de Jesús, ayuda a las personas a restablecer la relación con Dios.

▼ La tendencia a querer nuestro propio camino, en lugar del de Dios, hace que sea difícil para los cristianos vivir una vida santa.

▼ Dios promete cambiar a los cristianos para que quieran el camino de Dios más que el suyo.

▼ La santificación es la acción de Dios para limpiar a un cristiano de la naturaleza pecaminosa y darles poder para vivir para Él.

▼ Los Cristianos Santificados viven por el poder del Espíritu Santo y cada vez aman más a Dios y a los demás.

"Los que viven según la naturaleza pecaminosa no pueden agradar a Dios." (Romanos 8:8)

"Como tenemos estas promesas, queridos hermanos, purifiquémonos de todo lo que contamina el cuerpo y el espíritu, para completar en el temor de Dios la obra de nuestra santificación." (2 Corintios 7:1)

"Más bien, sean ustedes santos en todo lo que hagan, como también es santo quien los llamó; pues está escrito; "Sean santos, porque yo soy santo." (1 Pedro 1:15-16)

Escribe las palabras de cada versículo.

Romanos 8:8 _____

_____

_____

2 Corintios 7:1 _____

_____

_____

_____

_____

1 Pedro 1:15-16 _____

_____

_____

¡Tu turno!

Escribe tres cosas que has aprendido del Artículo de Fe 10.

_____

_____

_____

_____

_____

_____

¡Hazlo!

¿Qué equipo ganó el juego Remolcador de Guerra?_____

_____

¿Qué sucedió cuando añadimos el Espíritu Santo a un equipo?

_____

_____

Artículo de Fe 11: La Iglesia

Definición: Hay tres significados de la palabra *iglesia:*

1. El edificio donde una congregación se reúne para adorar.
2. Una iglesia local o una denominación.
3. La iglesia es todos en el mundo que creen en Dios y han aceptado a Jesucristo como su Salvador personal.

CREEMOS

La Iglesia:

▼ La iglesia es un lugar para adorar a Dios y experimentar la comunión cristiana.

▼ La iglesia es una congregación local o denominación.

▼ La Iglesia está formada por todo el que cree en Dios y ha aceptado a Jesucristo como su Salvador personal.

▼ La Iglesia tiene la misión de decirle a la gente acerca de Jesucristo y ayudarlos a convertirse en discípulos, vivir una vida santa, y servir a los demás.

Busca Hechos 2: 46-47 y completa las palabras que faltan.

"No dejaban de _____ en el templo ni un solo día. De casa en casa partían el _____ y compartían la _____ con alegría y generosidad, alabando a Dios y _____ de la estimación general del pueblo. Y cada dia el Señor _____ al grupo los que iban siendo _____."

¡Tu turno!

Escribe el significado del Artículo de Fe 11 en tus propias palabras aquí. _____

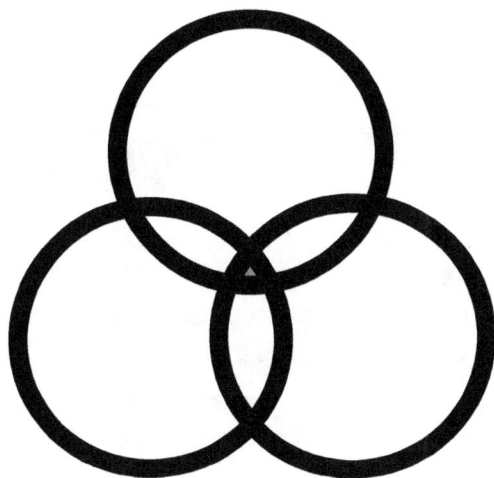

_____

_____

_____

_____

¿Qué representan los tres círculos?

_____

_____

_____

_____

¿Cómo encajan en las tres definiciones de la iglesia?

_____

_____

_____

_____

_____

★ Artículo de Fe: Bautismo

Definición: El bautismo es el sacramento que utiliza el agua como símbolo de la muerte, sepultura y resurrección de Cristo. Esto demuestra que el creyente ha recibido la salvación prometida por Cristo y ha comenzado a vivir una nueva vida.

CREEMOS

▼ El bautismo es una manera en que una persona muestra que se ha convertido en un cristiano y vivirá para Dios.

▼ Una persona puede elegir ser bautizado completamente bajo el agua (inmersión), ser rociado con agua, o vertiendo agua sobre él o ella.

Busca el siguiente versículo Bíblico y escríbelo en los espacios de abajo.

Hechos 2:38a _____

_____

_____

_____

_____

_____

_____

_____

¡Tu turno!

Escribe el sentido del artículo 12 de la fe en tus propias palabras aquí. _____

_____

_____

_____

_____

_____

¡Hazlo!

¿Qué simboliza el bautismo? _____

_____

_____

¿Qué método de bautismo prefieres? _____

_____

Haz coincidir el método del bautismo con la ilustración.

Inmersión   Afusión   Aspersión

19

Servicio - Ver las necesidades de los demás y actuar para satisfacer esas necesidades.

Conoce a: R. W. Cunningham
(1902-1998)

R. W. Cunningham fue un pastor afroamericano que sentía la carga de proporcionar entrenamiento bíblico para otros afroamericanos que querían aprender más acerca de la Biblia y capacitarse para el ministerio. Él creía en el servicio mediante la enseñanza de la Biblia y la formación de la forma de ministrar a otros. Trabajó duro en esto mientras se desempeñaba como profesor, presidente del Instituto Bíblico Nazareno, y pastor. Como parte de sus funciones, estaba dispuesto a hacerse cargo de los edificios.

El Dr. Cunningham sirvió durante un tiempo de cambio para el Distrito Central del Golfo. Sabía que servir a Dios era lo más importante. Se desempeñó como educador en el Colegio Mount Vernon y en el Instituto en Virginia Occidental. Fue director del programa de extensión del Colegio Bíblico Nazareno en el Instituto, West Virginia en 1986.

Al Dr. RW Cunningham le encantaba servir a la gente en el nombre de Jesús.

¡Aprender del Pro!

Jesús fue el último ejemplo de un siervo. Lee Juan 13: 1-17.
Jesús es el Hijo de Dios. ¿Quién crees que debería haber
sido quien lavara los pies? _____

_____

¿Por qué crees que Jesús lavó los pies de los discípulos?

_____

_____

¿Qué estaba tratando de enseñar Jesús a sus discípulos?

_____

_____

Lee Mateo 19:30. ¿Qué quiso decir Jesús cuando dijo: "los
primeros serán los últimos y los últimos serán los primeros"?

_____

_____

_____

¿Cómo puedes servir a la gente en el nombre de Jesús?

_____

_____

¿Por qué es importante aprender a servir a la gente en el
nombre de Jesús? _____

_____

¿Quién se beneficia más, tu o la persona a la que sirves?

_____

_____

Por qué? _____

_____

_____

Compasión - Un deseo de ayudar a alguien que está sufriendo.

Conoce a:
J. P. Roberts
(1867-1937)

J. P. Roberts tuvo compasión por las niñas y las mujeres que estaban pasando momentos difíciles para cuidar de sí mismos.

Algunas estaban embarazadas y no tenían marido. Algunas tenían otros problemas. JP se dio cuenta de que tenía que hacer algo al respecto.

Fundó La Casita del Descanso en Pilot Point, Texas. Muchas de las chicas que fueron a La Casita de Descanso no fueron aceptadas por las personas que les rodeaban. Sin embargo, encontraron compasión y aceptación en La Casita del Descanso.

JP fue el director de La Casita del Descanso durante 34 años. La Casita del Descanso proporcionó un lugar para que las muchachas tuviesen sus bebés de manera segura. También proporcionó un lugar seguro para las niñas y las mujeres que estaban luchando con situaciones difíciles en sus vidas. J.P. sabía que estas niñas y mujeres no podían valerse por sí mismas, y él sintió que Dios lo había llamado a proporcionar un lugar de seguridad y refugio. Mientras que era el director, varios miles de chicas se quedaron en La Casita del Descanso.

Cuando él murió en 1937, el Heraldo de Santidad (ahora Santidad Hoy) dijo: "Aquí [las mujeres] han sido transformadas por el poder de Dios, animadas a construir carácter y vida, y dar al mundo una verdadera contribución en la utilidad. Más de una niña ha sido rescatada del suicidio y el infierno por este buen hombre y sus trabajadores" (Heraldo de Santidad, 30 de enero de 1937).

Para saber más acerca de los ministerios de compasión en tu área, ponte en contacto con NCM hoy en www.nazcompassion.org.

¡Compasión en Tu Mundo!

¿Cuáles son algunas cosas que Jesús hizo para mostrar compasión? _____

_____

¿Cuáles son algunas maneras en las que los niños pueden mostrar compasión hoy?_____

_____

¿Has recibido compasión de los demás? _____

_____

_____

¿Por qué es importante mostrar compasión a las personas en el nombre de Jesús?

_____

_____

_____

J.P. tuvo compasión de las niñas y mujeres jóvenes que necesitaban un lugar para quedarse para tener a sus bebés. ¿Cuáles son algunas de las necesidades entre las personas que conoces? _____

_____

_____

¿Cómo puedes practicar la compasión en tu comunidad?

_____

_____

_____

_____

PREMIO HALDOR LILLENAS
Máximo Premio Aventurero

Haldor Lillenas era un evangelista de canto y músico que escribió muchos de los himnos cantados en los primeros días de la Iglesia del Nazareno. Él creó la Compañía de Música Lillenas que se convirtió en la rama de la edición musical de la Editorial Nazareno.

Para ganar el premio Haldor Lillenas Caravana, debes completar dos años en el programa de Aventureros mientras estás en los grados quinto y sexto y completar lo siguiente.

Rango Descubridor

- Ocho Insignias (2 por cada categoría)
- Artículos de Fe 9-12
- 2 Valores Fundamentales
- 1 Proyecto de Ministerio

Rango Pionero

- Ocho Insignias (2 de cada categoría)
- Artículos de Fe 13-16
- 2 Valores Fundamentales
- 1 Proyecto de Ministerio

MEDALLA PHINEAS F. BRESEE

El Rev. Phineas F. Bresee predicó que la gente podía vivir una vida santa. El 6 de octubre de 1895, él y otras 35 personas comenzaron una nueva iglesia llamada Iglesia del Nazareno. Estuvo de acuerdo en el nombre de Iglesia del Nazareno, porque los Evangelios se refieren a Jesús como Nazareno (de la ciudad de Nazaret). Sintió que la nueva iglesia debe reflejar las enseñanzas de Jesús y enseñar la importancia de vivir una vida santa. La iglesia creció. En ocho años, la iglesia creció a más de 1.500 miembros.

En 1907, las iglesias de santidad desde el Este y el Oeste se reunieron en Chicago para formar una iglesia unificada. En 1908, las iglesias de santidad del Sur se unieron a la denominación de este a oeste recién formadas. Los tres líderes elegidos miembros se llamaron "superintendentes generales." Los tres líderes fueron, Phineas F. Bresee, H.F. Reynolds, y E. P. Ellyson.

La medalla de Phineas F. Bresee es un premio especial presentado a los niños que han completado cuatro años en el programa Caravana como un Explorador Centinela, Explorador Scouts, Aventurero Descubridor y Aventurero Pionero.

Para recibir la medalla de Phineas F. Bresee, debes completar lo siguiente:

1. Completa los rangos Explorador Centinela y Scouts cuando estés en tercer y cuarto grado.

2. Gana el Premio Esther Carson Winans.

3. Completa los rangos Aventurero Descubridor y Pionero cuando estés en quinto y sexto grado.

4. Gana el Premio Haldor Lillenas.

5. Aprende los 16 Artículos de Fe.

6. Completa cuatro proyectos ministeriales.

Tu guía deberá entregar su *Registro Individual de Seis Años* al director de la Caravana para demostrar que has cumplido con todos los requisitos para el premio. El Director confirmará que has cumplido con todos los requisitos de la medalla Bresee.

Si eres un miembro de los Boy Scouts de América, puedes usar tu medalla Phineas F. Bresee en tu uniforme de Boy Scout.

ASTRONOMÍA

VERSÍCULO BÍBLICO

"Y dijo Dios: '¡Que haya luces en el firmamento que separen el día de la noche; que sirvan como señales de las estaciones, de los días y de los años, y que brillen en el firmamento para iluminar la tierra!' Y sucedió así." (Génesis 1: 14-15)

¿Alguna vez has estado perdido o inseguro de dónde estabas? Hace mucho tiempo, los viajeros utilizaban la Estrella del Norte para ayudarles a navegar a las regiones inexploradas de nuestro mundo. Cristóbal Colón, Jacques Cartier, Fernando de Magallanes, y muchos otros usan las estrellas para guiar su curso de la exploración.

Hoy las personas necesitan una Estrella del Norte espiritual. La gente necesita algo que le dé dirección y significado a sus vidas tanto en las buenas como en las malas. Ellos necesitan a alguien que les ayude a tener un sentido de dirección. Jesús puede ser el que te guíe en la dirección correcta.

SERVICIO

Qué Puedes Hacer Con Esta Habilidad

Conocer las constelaciones, fases de la luna, y otros eventos celestiales proporciona una manía de por vida. Saber dónde encontrar la Estrella del Norte puede ayudarte si alguna vez te pierdes en la noche y necesitas encontrar el norte sin brújula. Podrás disfrutar de ser capaz de identificar y explicar las constelaciones y los planetas que encuentras en el cielo nocturno.

Requisitos ✓ de Insignia

Elija cuatro de los cinco requisitos siguientes para la finalización de la insignia de la Astronomía.

☐ Contesta las siguientes preguntas:

¿Cuáles son los nombres de los planetas en orden, empezando por el más cercano al sol?

¿Qué se confunde a menudo como una estrella fugaz?

¿Por qué aparece la luna cambiar de forma? ¿Cuál es el nombre de nuestra galaxia?

¿Cuántas constelaciones hay?

¿Qué es un año luz?

25

- [ ] Visita un planetario o ve un video sobre los planetas y constelaciones.
- [ ] Planea una aventura sobe como observar estrellas. Usa un mapa de las estrellas o reserva para localizar al menos tres constelaciones. Si la luna está visible, identifica la fase actual de la luna.
- [ ] Has un modelo del sistema solar. Intenta reproducir la escala de los planetas y sus distancias del sol.
- [ ] Encuentra una manera en la que puedes utilizar tus nuevas habilidades de Astronomía para ministrar a alguien más
- [ ] Encuentra una manera en que puedes usar tus nuevas habilidades de Astronomía para ministrar a otra persona.

Mental

#1 Seguridad

- ■ **Siempre** estar consciente de tus alrededores mientras sales a mirar las estrellas por la noche.
- ■ **Nunca** usar un telescopio para mirar directamente al sol.
- ■ **Nunca** salir solo a mirar las estrellas por la noche.

PALABRAS PARA SABER

Lee las definiciones en la página siguiente. Luego, busca las palabras escondidas en el rompecabezas de palabras a continuación.

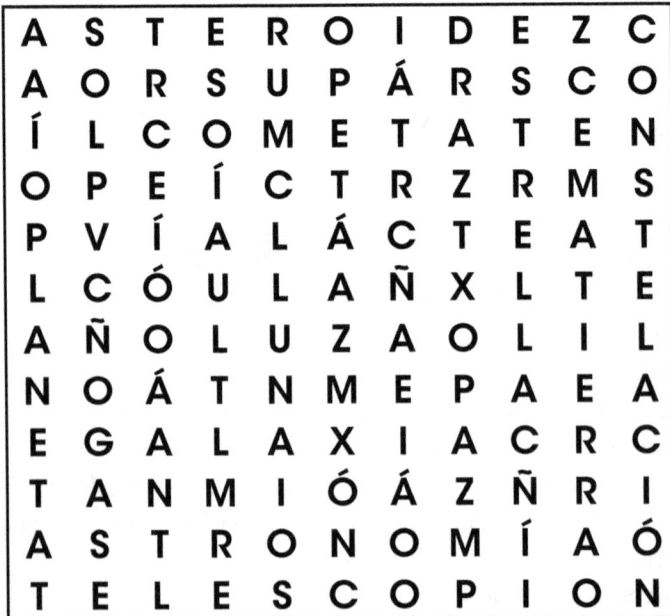

A	S	T	E	R	O	I	D	E	Z	C
A	O	R	S	U	P	Á	R	S	C	O
Í	L	C	O	M	E	T	A	T	E	N
O	P	E	Í	C	T	R	Z	R	M	S
P	V	Í	A	L	Á	C	T	E	A	T
L	C	Ó	U	L	A	Ñ	X	L	T	E
A	Ñ	O	L	U	Z	A	O	L	I	L
N	O	Á	T	N	M	E	P	A	E	A
E	G	A	L	A	X	I	A	C	R	C
T	A	N	M	I	Ó	Á	Z	Ñ	R	I
A	S	T	R	O	N	O	M	Í	A	Ó
T	E	L	E	S	C	O	P	I	O	N

26

Asteroide: Un planeta muy pequeño, o restos de un planeta roto.

Astronomía: El estudio de las estrellas, los planetas y el espacio.

Cometa: Un cuerpo celeste brillante con una cola larga de luz.

Constelación: Un grupo de estrellas que forman una forma o patrón.

Tierra: El planeta en el que vivimos.

Galaxia: Un grupo muy grande de estrellas y planetas.

Año luz: La distancia que la luz recorre en un año.

Vía Láctea: La galaxia en la que se encuentra nuestro sistema solar.

Luna: El satélite que se mueve alrededor de la Tierra una vez cada mes y refleja la luz del sol.

Planeta: Uno de los nueve grandes cuerpos celestes que giran alrededor del sol.

Estrella: Una bola de gases quemados en el espacio.

Sol: La estrella el la que la Tierra y otros planetas giran alrededor. Da luz y calor.

Telescopio: Un instrumento que hace que los objetos distantes parezcan más grandes y cercanos.

LOS CIELOS DECLARAN: Sesión 1

Estrellas

Las estrellas son bolas de gas quemados. Varían en tamaño, algunos son aproximadamente del tamaño de la Tierra. Otros son 1000 veces más grandes que nuestro sol. ¡Nuestro sol es realmente una estrella!

En una noche clara puedes ver casi 2.000 estrellas con tus ojos. Algunas estrellas son más brillantes y más fáciles de ver. Hay tres razones para esto. En primer lugar, cuanto más cerca está una estrella, más brillante aparece en el cielo. En segundo lugar, las estrellas más grandes se ven más brillantes. En tercer lugar, algunos gases se queman más calientes que otros; las estrellas con gases que se queman más calientes se verán más brillantes en el cielo.

También puedes saber qué tan caliente está una estrella por el color con el que brilla. Las estrellas azules y blancas son las más calientes. Las estrellas amarillas, como nuestro Sol, están en el centro. Las estrellas rojas son las más frías.

¿Qué Tan Grande Es El Universo?

Debido a que el universo es tan grande, nadie ha sido capaz de descubrir su tamaño real o contar todas las estrellas. En el espacio, es imposible medir las cosas en millas. Los astrónomos usan el término años-luz para describir la distancia. Un año luz es la distancia que viaja la luz en un año. Esta distancia es 5,878,000,000,000 millas (5 trillones, 878 billones de millas). La Estrella del Norte, o Polaris, está a unos 431 años luz de distancia. ¡Eso significa que a la luz de esa estrella le tomó 431 años llegar a la tierra!

Constelaciones

Las constelaciones son grupos de estrellas. Los que estudian las estrellas las agrupan como si fueran diferentes figuras y formas, como un cuadro de conexión de puntos. La mayoría de las constelaciones fueron nombradas por los griegos hace miles de años.

Utilizamos constelaciones para marcar las ubicaciones de los objetos en el cielo. Cuando los astrónomos miran hacia el cielo y ven algo nuevo o inusual, pueden decirle a otra persona dónde buscar diciéndoles lo que es la constelación o cerca. Hay 88 constelaciones, pero no todo el mundo ve las mismas constelaciones. Debido a que la tierra es redonda, algunas constelaciones se ven sólo en el hemisferio norte y algunas sólo en el hemisferio sur.

Las Constelaciones Reconocidas Fácilmente

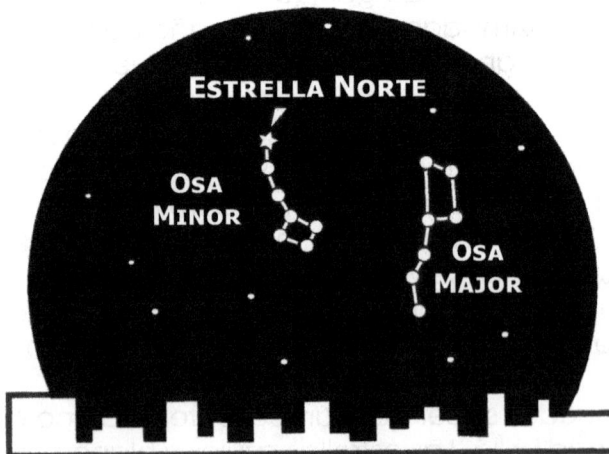

Las constelaciones más fáciles de reconocer son la Osa Mayor y la Osa Menor. Busca la Estrella Norte. La Estrella Norte es la estrella más brillante que la Osa Menor. Es la última estrella en el mango. La Osa Mayor está al lado de la Osa Menor. Las dos estrellas en la Copa de la Osa Mayor apuntan a la Estrella Norte.

Si no hay nubes, sal a la calle con tu grupo Descubridor y mira el cielo nocturno. Compara lo que ven con las constelaciones en este libro. ¿Qué constelaciones puedes ver?

Constelaciones de Primavera

1. Leo, el león

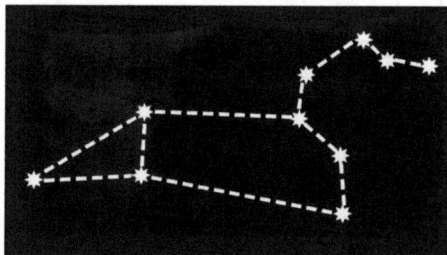

2. Cáncer, el Cangrejo

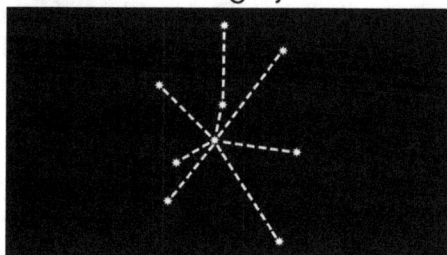

Constelaciones de Verano

1. Aquila, el Águila

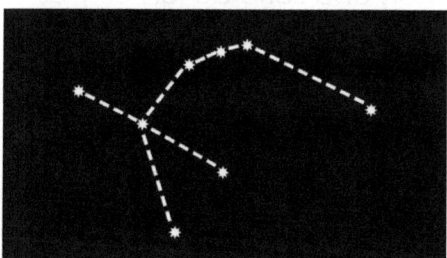

2. Scorpius, el Escorpión

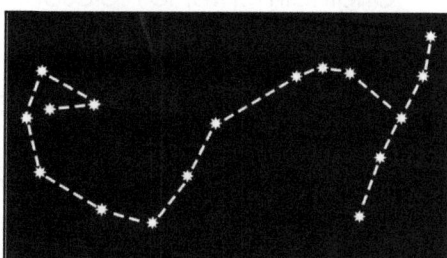

Constelaciones de Otoño

1. Pegaso, el Caballo Volador

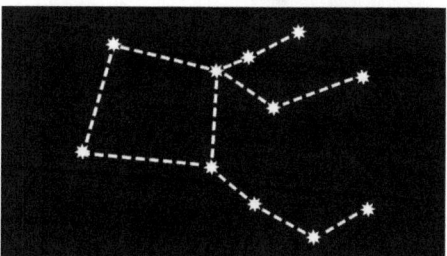

2. Andrómeda

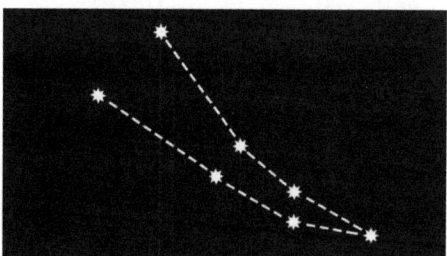

Constelaciones de Invierno

1. Orión, el Cazador

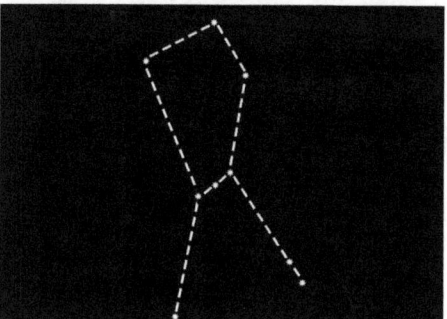

2. Canis Major (El Gran

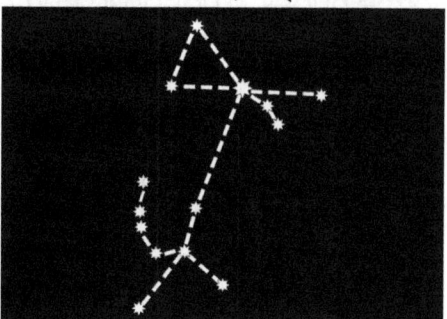

UNA TARDE CON LAS ESTRELLAS: Sesión 2

Un Ojo al Cielo

Hasta la década de 1600, la gente tenía que depender de sus ojos solo para aprender sobre el sol, la luna, los planetas y las estrellas. Hans Lipperhey inventó el telescopio en 1608, y el astrónomo italiano Galileo hizo famoso el telescopio.

Galileo fue el primero en utilizar un telescopio para explorar los cielos. Con el telescopio, Galileo descubrió que Júpiter tenía cuatro lunas. También pasó un tiempo observando nuestra luna, los patrones de las estrellas, y las manchas solares. ¡Galileo finalmente quedó ciego por mirar al sol a través de su telescopio!

Antes de 1700, la gente pensaba que existían sólo cinco planetas, Mercurio, Venus, La Tierra, Marte y Júpiter. Urano fue descubierto en 1781, Neptuno en 1846 y Plutón en 1930.

Originalmente, los telescopios fueron una serie de lentes y espejos en un tubo. Todavía puedes encontrar telescopios de este tipo en tus tiendas locales. Los telescopios más avanzados de hoy en día pueden ver mucho más lejos y con más detalle. Con el uso de ondas de radio, las transmisiones por satélite y otras tecnologías, los astrónomos de hoy en día pueden ver más lejos que nunca.

¿Es una Estrella o un Planeta?

Puedes ver algunos planetas en el cielo nocturno, ya que reflejan la luz de las estrellas cercanas a ellos. ¿Cómo puedes saber que has encontrado uno? Un planeta es una "estrella" que no centella.

El Sol

El sol es una estrella amarilla de tamaño medio. Afecta los patrones climáticos de la Tierra. El calor del sol hace que la humedad de lagos, mares, océanos y ríos se evapore y forme nubes. Cuando la humedad en las nubes se hace demasiado pesada, llueve o nieva. El sol también calienta grandes masas de aire que flotan por encima de la superficie de la tierra. Estas masas de aire caliente se mueven, crea viento y condiciones cambiantes del clima en todo el mundo.

Datos sobre Nuestro Sol

☐ Nuestro sol se compone de gases. Alrededor del 75 por ciento de ese gas es hidrógeno.

☐ El sol está a 93 millones de millas de la tierra.

☐ Es de 864,370 millas de ancho.

☐ La temperatura en la superficie del sol es 10,333° F.

30

Manchas solares

Las manchas solares son manchas oscuras en la superficie del sol. Algunas manchas son tan grandes como 50,000 millas de ancho y de hasta 2.000 ° más frías que el resto del sol. Estas manchas son causadas por las erupciones solares, o pequeñas explosiones en el sol. Las llamaradas solares disparan energía al espacio. Cuando la energía golpea la tierra, hace que las tormentas sean magnéticas. No puedes sentir las tormentas magnéticas, pero sabes que una ha golpeado la tierra cuando se interrumpen las señales de TV vía satélite y teléfono celular.

Cuando la energía del sol toca el campo magnético de la tierra, se forman auroras. Las auroras se están moviendo las luces que parecen parches gruesos de niebla de color en el cielo. La Aurora Borealis, a menudo es llamada la aurora boreal, se puede ver en todo el hemisferio norte. La aurora Australis es la pantalla de luz del hemisferio sur. Cuanto más al norte y al sur vivas, más probabilidades tendrás de ver las auroras. Ocurren cerca del Polo Norte y el Polo Sur.

Asteroides, Cometas, y Meteoritos

Situado entre Marte y Júpiter, hay una banda de rocas y gases congelados llamados asteroides. Muchos creen que estas rocas son los restos de un planeta roto.

Sin un telescopio, los cometas parecen grandes estrellas, borrosas con una cola. El cometa es muy parecido a una bola de nieve grande, sucia, espaciosa. Se compone de gases congelados, hielo y polvo. Los cometas giran alrededor del Sol como los planetas. El cometa más conocido, el cometa Halley, se ve cada 77 años.

Los meteoros se confunden a menudo como "estrellas fugaces". Son materiales muy metálicos o de piedra. Cuando son capturados por la gravedad de la Tierra, estos trozos rocosos corren a través de la atmósfera en una bola de fuego. Millones de meteoritos caen a la Tierra cada día. La mayoría de ellos se queman antes de llegar a la superficie de la tierra, pero algunos hacen todo el camino a la tierra. Los cráteres de la Luna son causados por grandes meteoros chocando en su superficie.

La Luna

La Luna es el único satélite de la Tierra y el objeto más fácil de reconocer en el cielo. Los grandes cráteres, son causados por los meteoros que chocan con su superficie, se pueden ver desde la tierra. El "Hombre en la Luna" es en realidad un grupo de cráteres que forman una cara en la luna.

La luna brilla porque refleja la luz del sol. A medida que la Luna orbita alrededor de la Tierra, su forma parece cambiar. Esto sucede porque la Tierra se interpone entre el sol y la luna, echando una sombra sobre la luna. La Luna pasa a través de un conjunto completo de fases una vez al mes. Estos cambios son llamados cuartos.

| Cuarto Creciente | Luna Nueva | Luna Llena | Media Luna | Cuarto Menguante |

Visita un planetario local o mira las estrellas con tu grupo Descubridor. Si estás buscando en las estrellas, usa un telescopio o binoculares para encontrar cada una de estas cosas en el cielo de noche:

- ☐ la luna
- ☐ un planeta
- ☐ una estrella azul
- ☐ las principales constelaciones (Recuerda, podrás ver diferentes constelaciones en diferentes épocas del año.)

CREA TU PROPIO SISTEMA SOLAR: Sesión 3

Galaxias

Las galaxias son como islas en el universo. Se componen de miles de estrellas, planetas y otros sistemas solares. Nuestro sistema solar está situado en la galaxia de la Vía Láctea.

En una noche clara, puedes ver una banda nublada lechosa a través del cielo. Estás en la Vía Láctea a través de su parte más gruesa. Se ve lechosa debido a que hay más de 100 mil millones de estrellas en nuestra galaxia. Si fueras capaz de viajar desde un borde de nuestra galaxia a otra, te tomaría cerca de 100.000 años luz.

Nuestro Sistema Solar

Durante siglos, los humanos creían que la Tierra era el centro del universo, y todo lo demás giraba en torno a ella. Galileo fue el primero en cuestionar esta creencia, y lo pusieron en la cárcel por ello.

Nuestro sistema solar está formado por el Sol en el centro, nueve planetas y todas las lunas y otros objetos que orbitan alrededor del sol. Aquí hay alguna información acerca de los planetas de nuestro sistema solar.

Planeta	Millas del Sol	Tiempo en Orbitar el Sol*	Tiempo del Planeta para Girar Una Vez**	Satélites (Lunas)***
Mercurio	36 millones	88 días	59 días	0
Venus	67 millones	225 días	243 días	0
Tierra	93 millones	365 días	24 horas	1
Marte	142 millones	687 días	24 horas	2
Júpiter	484 millones	12 años	10 horas	62
Saturno	885 millones	29 años	10½ horas	60
Urano	2 billones	84 años	16-28 horas	27
Neptuno	3 billones	165 años	18-20 horas	11
Plutón****	3½ billones	248 años	6 días	1

Los números en este cuadro se han redondeado.
  * La hora del planeta es igual a un año terrestre.
 ** La hora del planeta es igual a un día de la Tierra.
*** Los astrónomos están descubriendo más y más lunas. Ver Pregúntale a un Astrónomo, Para Niños en <http://:legacy.spitzer.caltech.edu/espanol//edu/askkids/index.shtml> para la información más reciente.
****Plutón es considerado un planeta enano.

Crea un Modelo del Sistema Solar
Aquí Está Cómo Hacerlo

1. Reúne tus materiales.
2. Pinta las bolas de espuma de polietileno para que parezcan los planetas, lunas, y el sol. Elije bolas más pequeñas para los planetas más pequeños, y la bola más grande para el sol. Permite que la espuma de polietileno pintada se seque.
3. Utiliza alfileres para sujetar las bolas de espuma de polietileno a la tira de espuma para hacerlo parecer como el espacio) núcleo externo. Coloca el sol y los planetas en el orden correcto.
4. Identifica cada planeta escribiendo su nombre con un marcador, ya sea en la propia pelota de espuma de polietileno o al lado de ella.
5. Tu modelo del sistema solar debe reflejar el tamaño del planeta y el orden, sin distancias entre planetas.

MaTeRiaLes

- Libros de astronomía o fotografías del sistema solar
- Espuma o espuma de polietileno, bolas de diferentes tamaños
- Pintura y pinceles
- Tira de núcleo de espuma (pintada o cubierta para parecerse al espacio exterior)
- Alfileres
- Marcador
- Pintura que brilla en la oscuridad (opcional)

Opción: Para un desafío extra, pega pines de empuje redondeados en los planetas para representar lunas.

El Orden y el Tamaño Relativo de los Planetas y del Sol

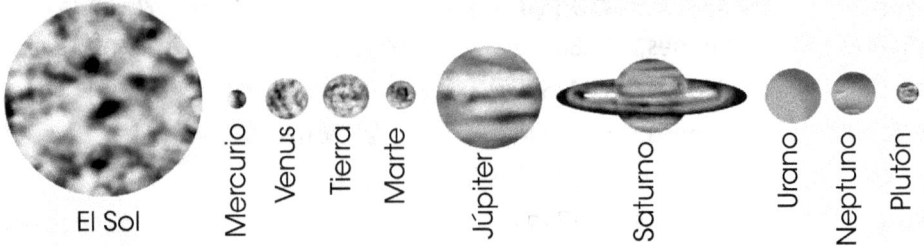

El Sol · Mercurio · Venus · Tierra · Marte · Júpiter · Saturno · Urano · Neptuno · Plutón

¡ENVUÉLVELO!

1. Dios creó el universo, que es demasiado grande para nosotros medirlo. ¿Qué dice eso sobre el poder de Dios?

   _____

   _____

2. ¿Cómo puede Dios usar tu capacidad de comprender la astronomía en el futuro?

   _____

   _____

3. Sabemos que Dios es poderoso porque Él creó el universo. Dios también se preocupa por cada uno de nosotros y trabaja en nuestras vidas. ¿Cómo Dios ha mostrado su poder en tu vida?

   _____

   _____

_____   _____
Fecha   Firma del Guía

COCINA

VERSÍCULO BÍBLICO

"Más vale comer verduras sazonadas con amor que un festín de carne sazonada con odio." (Proverbios 15:17)

¿Alguna vez has perdido el apetito? No importa cómo la comida se ve o huele, no puedes comer cuando estás enfermo, nervioso o triste. Cuando empecé la secundaria, me comí el almuerzo cerca de Ryan Johnson. ¡Él me volvía loco! Todos los días se sentaba en una mesa lejos con esa sonrisa pícara en su rostro. Mientras mis amigos hablaban, yo soñaba con cómo podía saltar por la habitación y manchar su rostro en su pizza de pan francés.

En el transcurso de unas pocas semanas, comencé a rechazar comer el almuerzo porque estaba muy encerrado en odiar a Ryan. Ni siquiera podía disfrutar de mi comida o la amistad de los que me rodeaban. ¿No se supone que el almuerzo es divertido?

Bueno, al final superé estar tan enojado con Ryan Johnson. Ahora, ni siquiera puedo recordar por qué estaba tan enojado. Sin embargo, Proverbios 15:17 nos recuerda que una deliciosa comida se convierte en mal si tenemos odio hacia los demás. De hecho, se dice que es mejor comer verduras donde hay amor, que ternero engordado donde hay odio. (En los tiempos bíblicos, la carne era un lujo reservado para las ocasiones especiales.) Ojalá hubiera sabido de este versículo cuando estaba en la escuela secundaria. Tal vez me hubiera ayudado a disfrutar mi comida y perdonar a Ryan por todo lo que hizo para volverme loco.

COMPASIÓN

Qué Puedes Hacer Con Esta Habilidad

Saber cómo cocinar te permitirá hacer comidas para ti, tu familia, tus amigos y huéspedes. Así mismo, el aprendizaje de algunos "trucos alimenticios" puede ayudarte a agregar brillo a un desayuno, almuerzo o cena especial.

35

Requisitos ✓ de Insignia

Elije cuatro de los cinco requisitos de los Descubridores siguientes para finalizar la insignia Cocinar.

Mental

- ☐ Has un plato que se utilizará como plato principal de una comida.
- ☐ Has un frutero o placa de guarnición creativa.
- ☐ Compara los precios, la calidad y la cantidad de alimentos necesarios. Luego compra estos artículos en una tienda local de comestibles.
- ☐ Haz un postre.
- ☐ Encuentra una manera de utilizar las habilidades de cocinar para ministrar a otra persona.

#1 Seguridad

■ **Ten cuidado** al usar cuchillos y otros objetos cortantes.

■ **Siempre** lee las instrucciones cuidadosamente al hacer una nueva receta o al usar nuevos equipos.

■ **Se consciente** de los muchos peligros potenciales en la cocina:

Agua hirviendo

Objetos afilados

Cables eléctricos cerca del agua

Platos calientes, estufa, y sartenes eléctricos

■ **Lávate bien** las manos, utensilios y la zona de trabajo después de trabajar con carne cruda.

Revisión Rápida
Mediciones
Revisa la siguiente información rellenando los espacios en blanco con las respuestas correctas.

- ☐ 1 taza = _____ ½ tazas
- ☐ 1 taza = _____ ⅓ tazas
- ☐ 1 taza = _____ ¼ tazas
- ☐ 1 cucharadita = _____ ½ cucharaditas
- ☐ 1 cucharadita = _____ ¼ cucharaditas
- ☐ 1 Cucharada = _____ cucharaditas

Abreviaturas

Cuenta lo que significan las siguientes abreviaturas. Escribe tus respuestas en los espacios en blanco.

☐ cdta. _____
☐ tz. _____
☐ cda. _____

PALABRAS PARA SABER

Guarnición: Una decoración comestible utilizada cuando se muestran los alimentos.

Bolera: Una herramienta de cocina usada para hacer bolas de frutas, vegetales y mantequilla.

Rizador de Mantequilla: La forma de cuchara plana arrugada en el otro extremo se utiliza para hacer rizos de mantequilla.

Cortador Ondulado: Una herramienta de cocina usada para cortar frutas y verduras en forma ondulada.

VIAJE AL SUPERMERCADO: Sesión 1

Hoy en día hay poca necesidad de cazar y capturar animales o reunir verduras. Ahora la mayoría de los alimentos se pueden obtener en tu tienda local de comestibles. Sin embargo, si no estás familiarizado con el supermercado o la experiencia de compra de comestibles, puedes, literalmente, sentirte como en una selva. Aquí están algunas cosas para recordar.

Decide Qué Comprar

☐ Has un menú de lo que quieres servir.

☐ Usa el menú para hacer una lista de los alimentos que necesitas comprar.

La Mejor Compra

☐ Busca los anuncios de comida en el periódico local y en Internet.

☐ Compara las diferentes marcas del mismo artículo y los precios de las diferentes tiendas. Comprueba: *(a)* el precio, *(b)* la cantidad (cuánto hay en el envase), *(c)* los ingredientes, y *(d)* tu preferencia personal.

Carne

Al comprar carne, ten en cuenta el tipo y corte de carne que necesitas y la fecha de caducidad de la carne. Los diferentes cortes de carne provienen de varias partes del cuerpo del animal. Algunas recetas piden un corte específico de carne.

Frutas y Vegetales

1. Lo mejor es comprar frutas y verduras frescas o congeladas. Cuando los alimentos están enlatado ierden algunos de sus nutrientes.
2. Selecciona las mejores frutas y verduras. Evita las que tienen malos lugares, están demasiado maduras, o no están lo suficientemente maduros.
3. Sólo compra la cantidad de frutas y verduras frescas que vas a utilizar durante una semana.
4. No laves las verduras hasta que estén listas para usarlas.
5. Corta la parte superior de las hojas de la raíz de los vegetales, como zanahorias, antes de almacenarlos.
6. Algunas verduras y frutas no deben almacenarse juntas.
   a. Almacena las manzanas y las zanahorias en un lugar separado. Las manzanas emiten un gas que hace que las zanahorias se amarguen.
   b. Almacena las Patatas y cebollas en lugares separados. Las cebollas hacen que las patatas se estropeen más rápido.

Alimentos Congelados

Cuando compres los alimentos congelados:
   a. Si vas a varias tiendas de compras, compra los congelados de último.
   b. Compra tus alimentos congelados pesados.
   c. Asegúrate de que los paquetes estén bien congelados. No compres paquetes que estén parcialmente descongelados.
   d. Coloca todos los alimentos congelados en el mismo saco de tienda de comestibles.

Cuando llegues a casa:
   a. Guarda los artículos congelados primero. ¿Los paquetes tienen una fecha "usar por" en ellos? Si no es así, escríbelo en el paquete.
   b. Empaqueta la carne fresca y aves de corral. Usa papel pesado de aluminio, papel de congelador o contenedores especiales para los congelados.

TODO SOBRE APERITIVOS: Sesión 2

Los aperitivos ayudan a que tus invitados coman ligeramente mientras esperan el plato principal. Utiliza la receta a continuación para crear una gran salsa.

Salsa Mexicana

▽   2 (15,5 onzas) latas de tomates guisados

▽   ½ cebolla, finamente picada

▽   1 cucharadita de ajo picado

▽   ½ limón, jugoso

▽   1 cucharadita sal

▽   ¼ taza de chiles verdes enlatados, o al gusto

▽   3 cucharadas de cilantro fresco picado

Direcciones

Coloca los contenidos anteriores en una licuadora o procesador de alimentos. Mezcla hasta la consistencia deseada.

Servir con Estilo

Coloca la salsa en un tazón pequeño. Centra este tazón en un plato grande y rodéalo con fragmentos de tortilla.

Alimentos Llamativos

Recoge, corta y talla la comida ordinaria en una obra de arte. Con algunas técnicas simples y las herramientas adecuadas, una zanahoria, sandía, o pepino normal pueden llegar a ser como obra de arte.

Las guarniciones son decoraciones de los alimentos. Tomará práctica aprender cómo hacer guarniciones, pero va a ser muy divertido intentarlo.

Adornando Herramientas

1. Boleadora / Rizador de Mantequilla: La forma de copa redondeada es la Boleadora. Se utiliza para hacer bolas de frutas, vegetales y mantequilla. La forma de cuchara plana arrugada en el otro extremo se utiliza para hacer rizos de mantequilla.

2. Cortador Arrugado: Se utiliza para cortar frutas y verduras en forma de arruga.
3. Cuchillo de Adorno: La hoja en punta delgada se utiliza para pelar, tallar, y forma.

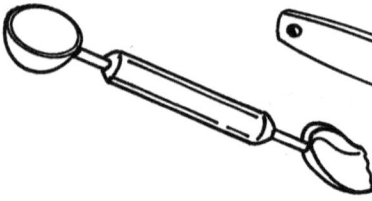

Boleadora / Rizador
de Mantequilla

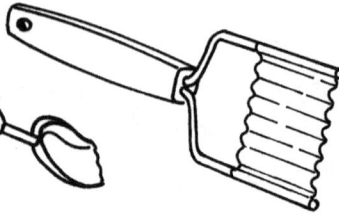

Cortador Arrugado

Cuchillo de Adorno

Frutas y Verduras Fantásticos

Coloca el borde de la boleadora en la comida. Presiona con firmeza y gira para cortar una bola de fruta o verdura perfecta.

También puedes hacer una bola de mantequilla con la misma técnica. Sumerge la boleadora en agua caliente antes de hacer cada bola.

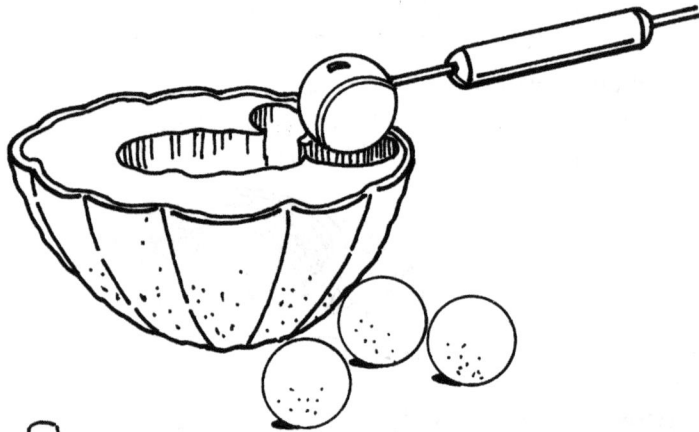

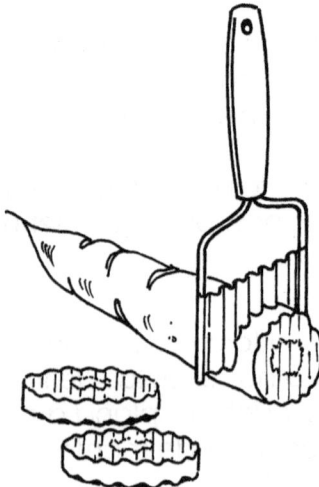

Cortes Arrugados

Mantén el Cortador Arrugado en posición vertical. Corta las rebanadas de frutas o verduras, como zanahorias, papas, manzanas, pepinos, o rábanos. Has palitos de vegetales o frutas, apila las rebanadas juntas y corta de nuevo.

Estrellas de Zanahoria

Haz: Corte longitudinal de cinco cuñas de la zanahoria. Luego, corta la zanahoria en rodajas gruesas de 1/8 y colócalas en agua con hielo. Cubre las zanahorias en rodajas y refrigéralas hasta que estén listas para servir.

Canasta de Frutas

Utiliza una sandía, melón, melón o mielada para crear una cesta de frutas. Utiliza los siguientes diagramas para tallar la canasta.

Paso 1

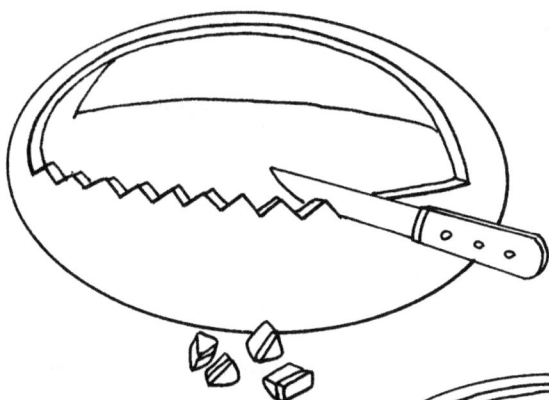

Paso 2

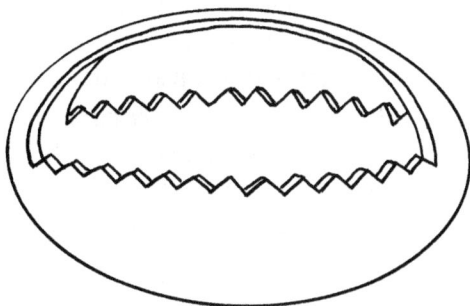

Paso 3

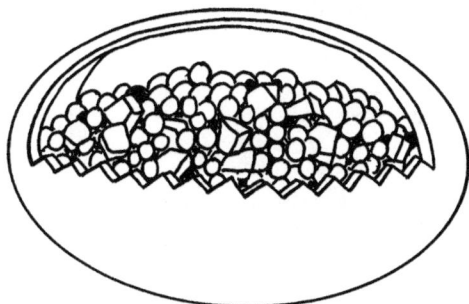

41

Plato Principal (Tacos de Pollo)

- ☐ 1 libra de mitades de pechuga de pollo sin piel, sin hueso, cortada en trozos pequeños.
- ☐ 1 hoja de laurel
- ☐ Condimentos Fajita (1 paquete por cada libra de pollo)
- ☐ 1 paquete (12 onzas) de tortillas de maíz
- ☐ 1 cabeza de lechuga (rallada)
- ☐ 2 tomates grandes (picado)
- ☐ 1 paquete (8 onzas) de queso Jack Colby rallado
- ☐ 1 tarro (8 onzas) de la salsa aperitiva que hiciste o compraste
- ☐ 1 envase (8 onzas) de crema agria

Cocinemos

1. En una sartén grande a fuego mediano, combina el pollo, la hoja de laurel, y el condimento fajita (sigue las instrucciones del paquete). Que esté a fuego lento y cocine a fondo.

2. Mientras tanto, calienta las tortillas en el horno o en el microondas hasta que estén blandas. Prepara los ingredientes y coloca cada uno en un recipiente aparte.

3. Sirve la comida de una manera atractiva.

Postre (Brownie y Helado)

- [ ] 1 caja de mezcla para brownie
- [ ] ⅓ taza de agua
- [ ] ½ taza de sustituto de huevo o 2 huevos medianos
- [ ] ⅓ taza de jarabe de chocolate
- [ ] 1 cdta. extracto de vainilla
- [ ] ⅛ cdta. de canela y nuez moscada
- [ ] 1 taza de chips de chocolate (opcional)
- [ ] Spray de aceite
- [ ] 1 plato para hornear

Cocinemos

1. Precalienta el horno a 350 grados.
2. Rocía la parte inferior de la fuente de hornear.
3. En un tazón grande, mezcla los ingredientes anteriores.
4. Vierte la mezcla de brownie en el molde para hornear.
5. Sigue las instrucciones de la caja de mezcla para brownie para el tiempo de cocción. El tamaño de la fuente para horno afectará el tiempo de cocción.
6. Consulta con un palillo para ver si se cocinan los brownies. Deja que se enfríen los brownies antes de cortarlos.
7. Sirve con una bola de helado de vainilla.

Una de las mejores cosas de la cocina es la experimentación. Ahora que tienes algunas habilidades básicas, trata de hacer diferentes tipos de alimentos. A veces, descubrirás que disfrutas de una receta con un poco menos o más de un ingrediente. ¡Cocinar puede ser divertido! Disfruta el tiempo que tienes para cocinar, sobre todo cuando compartes esa comida con tus amigos y familiares. Recuerda dar las gracias a Dios por tu comida antes de comer.

¡ENVUÉLVELO!

1. ¿Cómo te sentiste después de u proyecto de ministerio?

   _____

2. ¿Qué consejos de compras de alimentos aprendiste?

   _____

   _____

3. ¿Qué te dice Proverbios 15:17 acerca de tus actitudes y los alimentos?

   _____

   _____

4. ¿Cómo puedes utilizar las habilidades de cocina para servir a los demás?

   _____

   _____

_____   _____
Fecha   Firma del Guía

44

JARDINERÍA

VERSÍCULO BÍBLICO

"Pero la parte que cayó en buen terreno son los que oyen la palabra un corazón noble y bueno, y la retienen; y como perseveran, producen una buena cosecha." (Lucas 8:15)

Este versículo es parte de la parábola del buen sembrador. Jesús a menudo contaba historias que involucraban actividades u objetos cotidianos. Los oyentes podrían estar relacionados con estos eventos, como la información sobre el agricultor y las semillas. Jesús usó semillas y malezas para relacionar una verdad importante.

Cada tipo de suelo representa la reacción de una persona a la Palabra de Dios. Cuando la semilla cayó sobre el suelo duro, no había ninguna posibilidad de que se formara una planta. El suelo rocoso tenía muy poco suelo para permitir que la semilla echara raíces. El suelo con espinas se veía bien, pero las espinas y las malezas ahogaron la planta tierna. La buena tierra produjo una planta sana.

¿Oyes la Palabra de Dios y simplemente te encoges de hombros? ¿Oyes la Palabra de Dios y quieres seguirlo, pero te distraes y te olvidas de ella? ¿Oyes la Palabra de Dios y dejas que las actividades de la vida desplacen tu tiempo con Dios? ¿Tomas tiempo para leer la Palabra de Dios y vivir de la manera que Dios te dice? ¿Qué tipo de suelo eres?

SERVICIO

Qué Puedes Hacer Con Esta Habilidad

Aprender cómo hacer crecer un jardín es una gran experiencia. ¡Conocer los conceptos básicos de jardinería te permitirá estar en el camino a cavar en la tierra con los profesionales!

45

Requisitos ✓ de Insignia

Mental

Elije cuatro de los cinco requisitos para completar la insignia Jardinería.

☐ Identificar tres tipos de jardines, arrancadores de plantas y suelos.

☐ Conocer las reglas de seguridad para mantener un jardín.

☐ Planear y plantar un jardín de tu elección.

☐ Aprender cómo cuidar de un jardín.

☐ Participar en un proyecto de ministerio utilizando las habilidades de jardinería.

#1 Seguridad

■ **Siempre** tener un adulto que aplique pesticidas y fertilizantes, muchas personas tienen reacciones alérgicas a las plantas.

■ **Siempre** saber con qué tipo de plantas estás trabajando.

■ **Siempre** llevar guantes para proteger tus manos de los espinos y malas hierbas venenosas. También puedes querer usar pantalones para proteger tus piernas de las picaduras de insectos.

Tipos de Jardines

Vamos a hablar de tres tipos de jardines—

JARDÍN DE CONTENEDORES

JARDÍN DE RECICLAR

CAMA DE JARDÍN

LECHUGA

MARAVILLA

46

PALABRAS PARA SABER

Conecta cada palabra del vocabulario jardinería a su definición correcta.

1. *Germinar*

   A. La planta subterránea parte en forma de cebolla de la que crecen algunas plantas.

2. *Semillero*

   B. Una joven planta cultivada a partir de una semilla.

3. *Bulbo*

   C. Virutas de madera, otros materiales vegetales, o papel triturado para proteger y enriquecer el suelo.

4. *Cultivar*

   D. Para aflojar o romper el suelo alrededor de las plantas en crecimiento. Esto permite más agua en el suelo.

5. *Mantillo*

   E. Brotar o comenzar a crecer a partir de una semilla.

6. *Paleta*

   F. Sustancia añadida al suelo para enriquecerlo y ayudar a que los cultivos crezcan.

7. *Fertilizante*

   G. Suelo enriquecido puesto en contenedores para ayudar a las plantas a crecer.

8. *Tenedor Cavador*

   H. Una herramienta con una pequeña hoja curva utilizada para la siembra.

9. *Tierra Abonada*

   I. Una herramienta utilizada para cavar.

¡Preparados, Listos, A CRECER!

JARDÍN CONTENEDOR/DE INTERIOR: Sesión 1

Conocer los conceptos básicos de jardinería te ayudará a crecer un jardín contenedor. Puedes elegir cualquier tipo de contenedor: ollas de barro, ollas de plástico, cajas de madera, barriles de madera, cubetas viejas, etc. Ya que los contenedores serán pesados cuando estén llenos de tierra, elige una ubicación para el contenedor antes de llenarlo. Tus plantas necesitarán cinco horas de sol al día.

¿Qué tipo de jardín de interior/contenedor vas a plantar? _____

_____

¿Cómo lo vas a usar? _____

Obtén la Primicia Sobre la Tierra

- **La arena** tiene las partículas más grandes y se siente áspera al tacto. Las partículas tienen bordes afilados. La arena no sostiene muchos nutrientes.
- **El sedimento** se siente suave y polvoriento. Cuando está mojado, se siente suave, pero no pegajoso. El sedimento sostiene algunos nutrientes y agua.
- **La arcilla** es muy suave y dura cuando es seca y pegajosa cuando está mojada. La arcilla tiene una gran cantidad de nutrientes, pero no deja que el aire o el agua la atraviesen fácilmente.

Prepara el Contenedor

1. Selecciona y lava tu contenedor. Asegúrate de que tu envase es del tamaño adecuado para el tipo de plantas que deseas.
2. ¿Tiene agujeros en el fondo? Esto ayuda a la fuga de agua extra de las raíces. Si no hay agujeros, puedes pedirle a un adulto que perfore agujeros en el fondo de los recipientes o llene un cuarto del envase con grava.
3. Si el contenedor tiene agujeros, colócalo en varios bloques de madera de una pulgada. Esto evita que el agua bajo el contenedor se contenga.
4. Mezcla partes iguales de arena, tierra vegetal, y musgo para hacer tu suelo. Llena el resto del recipiente con tierra.

¡Plántalo!

1. Si el contenedor es muy grande, utiliza plántulas en vez de semillas. Los contenedores de seis a ocho pulgadas son los mejores para la lechuga, hierbas, rábanos, y pimientos verdes. Los contenedores grandes son buenos para tomates, frijoles trepadores, y pepinos.
2. Sigue las instrucciones que vienen con la plantación de las semillas, bulbos, o plántulas.
3. Sigue las instrucciones de cuidado de jardines de flores. Es posible que tengas que regar un jardín contenedor con más frecuencia, tal vez todos los días. Para saber si el suelo necesita agua, mete el dedo una a dos pulgadas en el suelo. Si el suelo está seco, el jardín necesita agua.
4. Utiliza una paleta para desarraigar las malas hierbas que aparezcan.
5. Utiliza un tenedor removedor de mano pequeño para romper el suelo alrededor de las plantas una vez que estén establecidas. Esto permite más agua y aire en el suelo.

JARDÍN DE RECICLAR: Sesión 2

Un jardín interior, o terrario, puede ser divertido para mantener. Aquí está cómo hacer un terrario utilizando objetos reciclados:

Materiales

- Botella de dos litros de gaseosa con la parte superior cortada, o una pecera.
- Grava
- Semillas de la planta o plántulas (la hiedra y otras plantas verdes resistentes funcionan mejor)
- Tierra
- Envoltura de plástico

¡Plántalo!

Sigue las instrucciones para la siembra de plántulas, con una pecera o botella de refresco de dos litros en lugar de una caja. Coloca papel de plástico transparente sobre la parte superior del tanque o pecera. Cuida del terrario como si fuera un jardín contenedor.

Recuerda elegir las plantas que funcionen bien con la luz que vas a utilizar. Puedes utilizar la luz del sol o bombillas Gro-Lite. Si utilizas la luz solar, elige una ventana del sur que reciba alrededor de cinco horas de luz al día. NOTA: Un terrario es como un invernadero.

Puede ser bastante cálido por dentro. Ten cuidado de regar las plantas a menudo y temprano en el día, ¡pero no les eches mucha agua!

¡Agua, Agua por Todas Partes!

Es importante darle a tus plantas la cantidad correcta de agua. Sigue las instrucciones especiales en los paquetes de semillas o etiquetas de las plantas.

Las plantas se marchitan, o colapsan y se vuelven amarillas o marrones, cuando no reciben suficiente agua. ¡Pero también se marchitan cuando reciben demasiada agua!

Una buena regla de oro es regar tus plantas cuando el suelo se sienta seco. Demasiada agua en el suelo o en las hojas puede hacer que se pudran. El mejor momento para regar tu jardín es en la mañana o temprano en el día. Después de que las plantas estén fuertes y sanas, usa un rastrillo o tenedor para romper el suelo de vez en cuando a su alrededor. Esto ayudará a que el agua y el aire llegue a las raíces.

EL PODER DE LAS FLORES: Sesión 3

Las flores traen belleza en cualquier lugar que se planten. Piensa en un lugar en el que te gustaría plantar flores. ¿Podría ser en tu iglesia, en la casa de alguien, o en tu habitación? ¡Dar una planta es una gran manera de servir a otra persona!

Prepara el Suelo

Necesitas preparar el suelo antes de plantar tu jardín de flores. Aquí está cómo:

1. Mide y marca la tierra que vas a utilizar para tu jardín. Las flores pueden ir casi en cualquier lugar, a lo largo de calzadas o edificios, en áreas con forma, alrededor de los árboles, etc. Las verduras necesitan una parcela nivelada de tierra, sin demasiada arena, arcilla, agua o piedras. Los huertos necesitan por lo menos seis horas de sol al día.

2. Quita la hierba y las piedras. Con una pala, cava debajo de las raíces de la hierba y levántala. ¡Trata de no remover demasiado el suelo! Desecha la hierba.

3. Usa una pala para cavar de 8 a 12 pulgadas en la tierra. Para los jardines de flores, sólo tienes que cavar de 6 pulgadas a 8 pulgadas de profundidad. Usa un tenedor para romper todos los terrones o grumos de tierra.

4. Añade musgo de pantano, abono compuesto o fertilizante al suelo. (Algunas personas agregan residuos de animales de vacas o de ovejas para mejorar la calidad del suelo y hacer que los cultivos crezcan mejor. Esto se conoce como estiércol.) Estas sustancias dan a los suelos los nutrientes importantes. Con el tenedor, mezcla el suelo y el musgo de pantano, abono compuesto o fertilizante.

5. Rastrilla el suelo liso.

¡Ahora estás listo para plantar tu jardín! Las plantas necesitan nutrientes, luz solar y agua para crecer bien. Hay tres maneras de hacer crecer una planta: de las semillas, de los plantones, y de los bulbos.

☐ Cuando plantes **semillas**, asegúrate de elegir las semillas con el año en curso impreso en el paquete. Las semillas antiguas crecen poco.

☐ Para cultivar plantas de **bulbos**, necesitas planificar tu jardín, al menos, una temporada con antelación. Los bulbos que florecen en la primavera se deben plantar a finales de otoño. Los bulbos que florecen en el verano se deben plantar a finales de primavera. Asegúrate de seguir las instrucciones en el empaque de goma para plantar los bulbos en el momento adecuado y lo suficientemente profundo en el suelo.

☐ Algunas plantas necesitan un cuidado especial antes de que puedan sobrevivir en un jardín por su cuenta. Puedes encontrar las **plántulas** o plantas jóvenes, en una tienda de jardinería. O bien, puedes hacer crecer los tuyos propios. Las plántulas deben tener, hojas verdes sanas, y no deben estar marchitas.

¡Plántalo!

1. Lee las instrucciones de siembra en las etiquetas de los paquetes de semillas y plántulas.

2. Mira tu mapa jardín. Coloca los paquetes de semillas o plántulas en las filas donde los plantarás.

3. Marca cada fila atando una cuerda a dos estacas, una en cada extremo del jardín. Haz la cadena bajo la tierra. Usa una vara de medir para calcular la distancia entre las filas.

4. Para plantar semillas, pon un palo a lo largo de la cadena para hacer una fila recta en el suelo. Planta las semillas según las instrucciones, y luego acaricia suavemente el suelo hacia abajo sobre las semillas. Esto las protegerá de secarse o drenarse.

5. Para plantar plántulas, cava agujeros a lo largo de la cadena y coloca las plantas en el interior. Recoge la suciedad sobre el agujero y da palmaditas, cerca de la base de la planta.

6. Usa un marcador permanente o lápiz para escribir el tipo de planta y la fecha en que fue plantada en una de las estacas.

7. Deja las estacas en el lugar hasta que las semillas germinen, o broten, a través del suelo.

8. Riega el jardín con un Spray fino para que no riegues las semillas.

¡ENVUÉLVELO!

1. ¿Cómo puedes usar tus habilidades de jardinería para ayudar a otra persona?

_____

2. ¿Cómo puede Dios usar tus habilidades de jardinería en el futuro?

_____

3. ¿Cómo te gusta la buena semilla en la parábola del sembrador?

_____

LECTURA DE MAPA

VERSÍCULO BÍBLICO

"'Yo soy el camino, la verdad y la vida,' le contestó Jesús. 'Nadie llega al Padre, sino por mí. Si ustedes realmente me conocieran, conocerían también a mi Padre. Y ya desde este momento lo conocen y lo han visto.'"(Juan 14:6-7)

¿Ya llegamos? ¿Cuánto más lejos? Mientras estamos de vacaciones con nuestras familias, todos hemos hecho estas preguntas.

Debido a que hemos aprendido acerca de Jesús, conocemos el camino hacia Dios y la vida eterna. Descubrir cómo tener una relación con Dios y saber como Él quiere que vivamos sería mucho más difícil si no tuviéramos a Jesús como nuestro ejemplo. Podemos leer acerca de la vida y las acciones de Jesús en la Biblia. Siguiendo el ejemplo de Jesús, descubrimos cómo tener una mejor relación con Dios.

COMPASIÓN

Qué Puedes Hacer Con Esta Habilidad

Saber leer un mapa es importante para que seas capaz de encontrar tu camino en ciudades, países, parques y centros comerciales.

Requisitos ✓ de Insignia

Elije cuatro de los cinco requisitos para completar la insignia Leyendo el Mapa.

☐ Usar un mapa local y ser capaz de orientar el mapa al Norte. Buscar la lista de símbolos y describir su significado. Localizar tu hogar, escuela, iglesia y hospital, y usar la escala del mapa para determinar la distancia entre los lugares. Mostrar cómo utilizar al menos dos de los siguientes mapas: mapa de la ciudad, ruta de autobús local, mapa de zona de tiempo, código de área de mapas, planos de planta, o mapa topográfico.

☐ Dibujar un plano de tu casa e iglesia, y crea un plan de evacuación para un incendio, tornado, o terremoto.

☐ Crear un mapa de la zona que rodea a tu iglesia o casa. Orientar el mapa hacia el Norte. Incluir terreno significativo (tierra) características y marcas terratenientes.

☐ Planear un viaje con tu grupo Descubridor. Seleccionar una ubicación, marcar la ruta en el mapa, calcular la distancia a la que viajarás, y utilizar el mapa para guiar a tu líder hasta el destino.

☐ Planear una manera de utilizar las habilidades de lectura de mapas para ministrar a alguien más.

Mental

Seguridad #1

■ **SiEMPRE** usa ropa apropiada al realizar actividades al aire libre.

■ **SiEMPRE** estar preparado para los insectos, el clima y otras situaciones al aire libre, incluyendo terrenos difíciles (superficie terrestre).

PALABRAS PARA SABER

Encuentra las palabras del vocabulario en la siguiente sopa de letras.

Ú	A	B	R	Ú	J	U	L	A	P	T	Á	C	R	N
M	O	G	C	N	D	L	Ó	W	R	W	N	D	A	O
O	S	R	P	I	W	S	P	G	A	É	M	S	W	R
R	W	F	Á	D	T	I	O	L	N	D	O	I	N	T
I	N	X	L	O	G	S	S	O	S	H	R	M	I	E
E	P	M	A	P	A	T	I	B	R	O	P	B	G	M
N	I	A	T	Ó	Z	E	C	A	Z	J	N	O	L	A
T	Y	R	Z	J	F	M	I	L	C	A	S	L	M	G
A	E	S	C	A	L	A	O	M	S	D	T	O	F	N
C	Y	M	O	P	L	Ú	N	Y	Ó	E	R	D	X	É
I	S	É	Y	I	Z	D	A	I	J	R	Y	Á	I	T
Ó	C	D	Á	X	T	E	M	É	L	U	O	M	W	I
N	M	R	J	G	N	O	I	Y	R	T	G	T	Ú	C
X	N	O	R	T	E	V	E	R	D	A	D	E	R	O
L	S	A	N	X	S	W	N	S	A	Ú	R	L	S	J
Ú	T	R	F	Ó	C	R	T	J	N	Y	T	Z	O	É
M	A	P	A	T	O	P	O	G	R	Á	F	I	C	O

PALABRAS PARA SABER

Brújula: Dispositivo para determinar las direcciones mediante una aguja magnética en un punto de giro que apunta al norte magnético.

Sistema de Posicionamiento Global (GPS): Un dispositivo guiado por satélite para localizar la posición exacta.

Norte Magnético: La indicación del norte en una brújula causada por el campo magnético de la tierra.

Mapa: Una representación visual de un área específica.

Orientación: Una competencia donde un mapa y una brújula se utilizan para llegar a varios puntos de referencia.

Hoja de Ruta: Una representación visual de calles, carreteras y ciudades necesaria para viajar.

Escala: Una indicación de la diferencia entre la distancia en un mapa y la distancia real.

Símbolo: Una representación en un mapa de diversos puntos de referencia y características del terreno.

Mapa Topográfico: Un mapa que muestra las características de elevación y de superficie para un área específica.

Norte Verdadero: Norte polar

COMPASES Y MAPAS: Sesión 1

Los mapas están diseñados para darnos visualmente información sobre un área específica. Estos mapas incluyen: Hojas de ruta, mapas topográficos, mapas de satélite, mapas de senderismo, planos, mapas de tránsito y de autobuses, zona horaria, y mapas del código de área. Ellos nos ayudan a encontrar:

1. *Distancia.* ¿Qué tan lejos está un lugar de otro?
2. *Dirección.* ¿De qué manera vas de un lugar a otro?
3. *Detalles.* ¿Qué tipo de rutas hay? ¿Cómo es el terreno (tierra)? ¿Hay ríos, caminos, montañas, campings, o lugares de interés histórico en la zona?
4. *Información Especial.* ¿Cuál es el diseño de un edificio? ¿En qué zona de tiempo está una ciudad? ¿Cuál es el código de área telefónica para esa área?

Orientarse por un Mapa

Usar un mapa y una brújula mejora tu capacidad de encontrar tu destino y explorar nuevos lugares cuando estás de excursión o en una nueva ciudad. Utiliza tu mapa y una brújula para hacer lo siguiente:

1. Coloca el mapa sobre una mesa o superficie plana.
2. En tu brújula, alinea la flecha de orientación con la dirección de la flecha de viaje girando la brújula.
3. Coloca la brújula en la parte superior de tu mapa con la flecha de dirección de viaje que apunta hacia la parte superior del mapa. Para hacer esto más fácil, alinea el borde de la brújula con el borde del mapa.
4. Une tu mapa y brújula hasta el extremo rojo de la aguja de la brújula para que alinee con la flecha de orientación y con la flecha de dirección de viaje.
5. Tu mapa se orientará cuando las flechas de dirección de viaje y de orientación se alineen con el extremo rojo de la aguja de la brújula y se alinean con el borde del mapa.

Lenguaje del Mapa
Escala

Para ser exactos, el mapa debe dibujarse de acuerdo con una escala. Una escala dice lo que una cierta distancia en el mapa iguala en millas reales. Una pulgada en el mapa puede representar 20 pies, 20 yardas, o 200 millas. ¿Cuál es la escala en tu mapa?

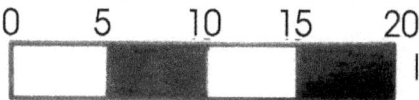

```
0                    20
|_____|
```

```
0     5    10    15    20
|__|██|__|██|
```
longitud igual a 20 millas

Leyenda y Símbolos

La leyenda es la sección del mapa que explica lo que representa cada símbolo. Cada mapa tendrá su propia leyenda, y los símbolos pueden ser diferentes. Utiliza la leyenda para descubrir tipos de carreteras, puntos de referencia importantes, características del terreno (tierra), y la ubicación de las ciudades.

7   Una Autopista Interestatal

121   Una Ruta Estadounidense

6 6   Una Ruta Estatal

Aeropuerto

Montañas

La Capital Estatal

Una Ciudad o Pueblo

Autopista Interestatal

Múltiples Rutas

Ruta en Construcción

HAZ TU PROPIO MAPA: Sesión 2

Tipos de Mapas

Hay muchos tipos de mapas, y se pueden utilizar para diferentes propósitos. Aquí están algunos:

Hojas de Ruta

Una hoja de ruta muestra los caminos en el área cubierta por el mapa. Estos mapas se utilizan para ayudar a planear viajes al indicar los caminos a seguir para llegar a un lugar determinado.

Las rutas tienen números para hacer más fácil su localización. Algunos mapas usan una combinación de letras y números en el borde del mapa para ayudar a localizar lugares específicos.

La Biblia es nuestra hoja de ruta para conocer más acerca de tener una relación con Dios. Juan 14: 6-7 dice que Jesús es el camino para conocer a Dios. Sin la Biblia, no sabríamos cómo tener una buena relación con Dios y vivir con Él eternamente en el cielo.

Mapa de Ciudad o Callejero

Un mapa de ciudad o callejero muestra las calles de una ciudad en particular. Los urbanistas utilizan números y nombres para identificar diferentes calles. Una combinación de número de calle y nombre de ayuda en la búsqueda de una casa o negocio. ¿Puedes encontrar tu calle?

Plano de Planta

Un plano de planta es realmente un mapa de una casa o edificio, y te ayuda a encontrar diferentes áreas. Las grandes empresas y algunos edificios públicos dan a la gente un plano para ayudarles a encontrar su camino.

Los arquitectos crean planos para que así los carpinteros sepan como debe lucir una casa terminada. Verás estos símbolos en este plano de una casa: V = Ventana, P = Puerta, y A = Armario.

Mapa de Tránsito

Muchas ciudades tienen autobuses públicos o trenes que transportan personas de un lugar a otro. Un mapa muestra las rutas de tránsito de los trenes o autobuses. Algunos mapas de tránsito utilizan diferentes colores para indicar diferentes trenes o autobuses, y algunos utilizan diferentes mapas para cada tren o autobús.

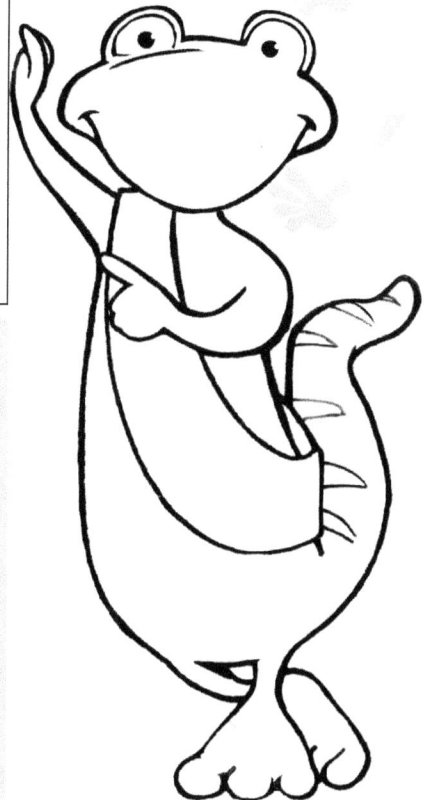

Haz Tu Propio Mapa

Utiliza papel cuadriculado para hacer un mapa de tu casa o iglesia. Coloca los símbolos para puertas y ventanas, así como para el norte, sur, este y oeste.

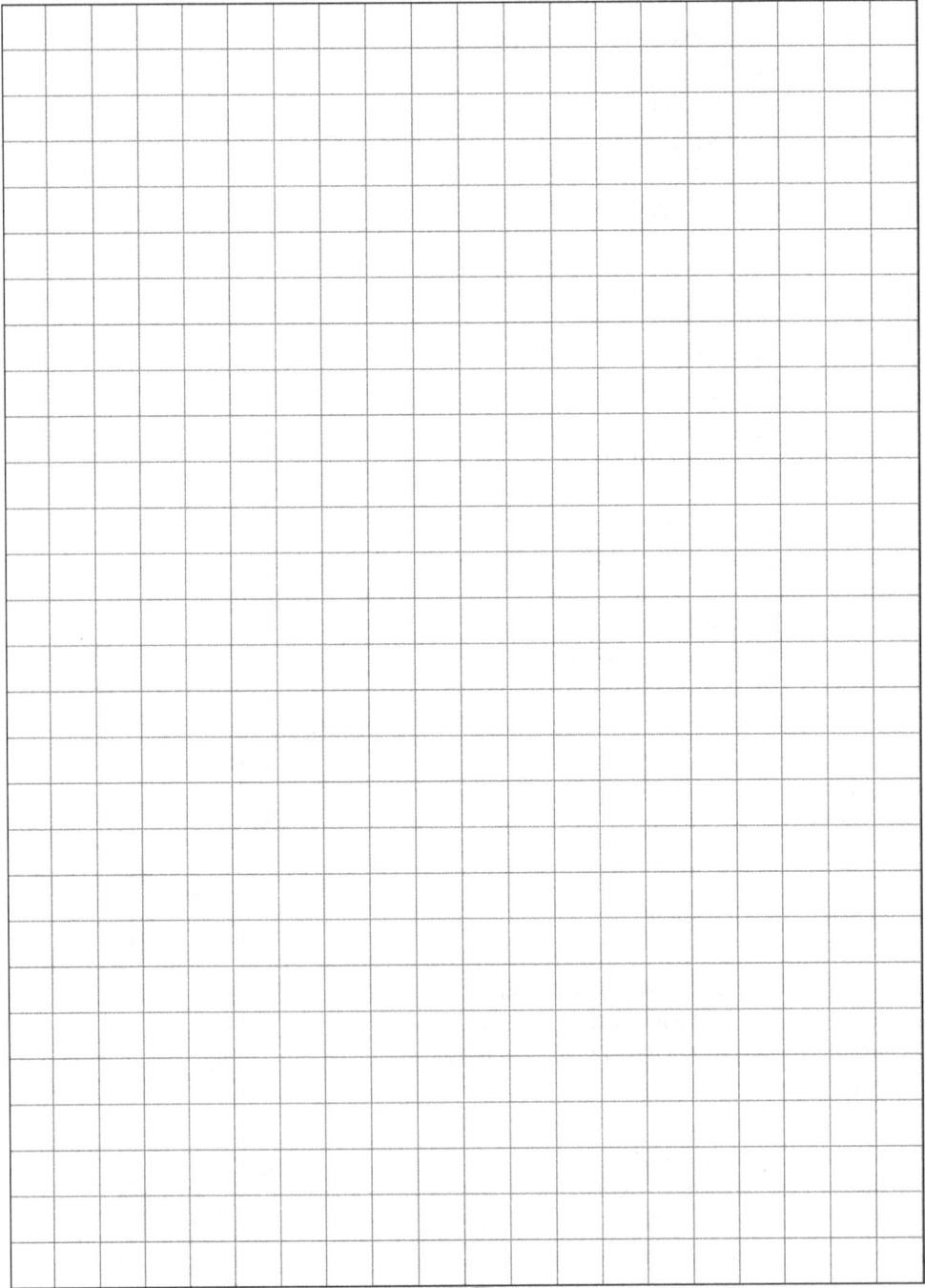

VIAJE DE CARRETERA: Sesión 3

Usa tus habilidades de lectura mapa para planificar un viaje por carretera. En el espacio proporcionado, escribe las direcciones a tu destino.

Planificador de Viajes por Carretera

Fecha del Viaje: _____

Destino: _____

Rumbo: _____

_____

_____

_____

_____

_____

_____

_____

¡ENVUÉLVELO!

1. ¿Cuáles son algunas maneras en las que usas tus habilidades de lectura de mapas en tu vida diaria?

   _____

   _____

2. ¿Cómo puede Jesús ser una "hoja de ruta" para Dios?

   _____

   _____

3. ¿Cómo puedes utilizar las habilidades de lectura de mapas en el futuro?

   _____

   _____

_____   _____
Fecha   Firma del Guía

FOTOGRAFÍA

VERSÍCULO BÍBLICO

"Cada uno ponga al servicio de los demás el don que haya recibido, administrando fielmente la gracia de Dios en sus diversas formas." (1 Pedro 4:10)

Una imagen vale mil palabras. Hay algunas cosas que no se pueden describir con palabras, necesitas una imagen. Tomás, uno de los discípulos de Jesús, sentía lo mismo. Se negó a creer que Jesús estaba vivo, independientemente de lo que dijeron los otros discípulos. "No voy a creer hasta que toque su lado y sienta las cicatrices en sus manos", pensó Thomas. No fue hasta que Jesús se puso de pie delante de él que Thomas creyó que Jesús estaba vivo.

La fe es difícil. Poner nuestra confianza en un Dios a quien nunca hemos visto puede ser difícil. Dios ha prometido, sin embargo, que cuando lo busquemos, lo hallemos, si buscamos con todo nuestro corazón (Jeremías 29:13). Como ves en el mundo que te rodea, toda la creación declara la gloria y la presencia de Dios. Puede que no tengas una imagen real de cómo es Dios, pero sin duda puedes saber que Él es real por la forma en que trabaja en la vida de las personas hoy en día.

SERVICIO

¿Qué Puedes Hacer Con Esta Habilidad?

La fotografía ofrece muchas horas de diversión y emoción. Desde fotos instantáneas alrededor de la casa hasta aventuras al aire libre, podemos usar imágenes para recordar ocasiones especiales. A medida que seas un mejor fotógrafo, tus imágenes capturarán recuerdos y tal vez sean obras de arte.

Requisitos ✓ de Insignia

Elije cuatro de los cinco requisitos para completar la insignia Fotografía.

☐ Nombrar los diversos tipos de cámaras.

☐ Preparar una presentación de cinco o seis fotos que hayas tomado. Usa lo que has aprendido en esta insignia para tomar imágenes de calidad.

☐ Relacionar algunos consejos para tomar buenas imágenes.

☐ Visitar un laboratorio fotográfico y aprender cómo se procesa la película en las fotos. O aprender a editar fotos digitales en un ordenador.

☐ Participar en un proyecto de ministerio que utilice tus habilidades de fotografía para ministrar a alguien más.

#1 Seguridad

■ **Ten en cuenta** que algunas personas pueden no desear la foto tomada. Se respetuoso de sus deseos.

■ **Nunca** exponer la película no revelada a la luz solar directa.

■ **Siempre** asegúrate de que la película se rebobine antes de abrir la parte trasera de una cámara.

Equipo Necesario

Esta insignia requiere el siguiente equipo esencial:

☐ Cámara sencilla de 35 mm o una digital

☐ Película o software digital de fotografía

☐ Cuarto oscuro, computadora, o laboratorio de cine local

PALABRAS PARA SABER

Cámara: Cualquier dispositivo que se utilice para la captura de imágenes en un dispositivo de almacenamiento (película, cinta o chip de computadora).

Cuarto oscuro: Una habitación mantenida completamente a oscuras con el propósito de desarrollar y producir fotografías de la película.

Velocidad de Película: La cantidad de luz necesaria para tomar una imagen en una película en particular. También está determinada por el tamaño de grano de la película.

Edición de fotos: El proceso de cambio de una imagen.

Regla de los nueve: Si una imagen se divide en nueve cuadrados, las líneas de intersección se consideran el punto de mayor interés.

Tipos de Cámaras

Cámaras Simples

Estas son las cámaras que casi todo el mundo tiene. Son pequeñas, tienen un foco fijo, e incluso pueden ser desechables. Puedes comprarlas a bajo costo en casi cualquier tienda.

Cámaras SLR

SLR significa Reflejo Singular del Lente. Una cámara SLR utiliza un espejo móvil que te permitirá ver tu materia, mientras que aparece en la película. Ver tu materia a través de una simple cámara compensa la imagen que se verá en la película.

Cámaras Digitales

Las cámaras digitales toman fotos y las colocan en un formato de medios que se puede transferir y ver en un ordenador.

Tipos de Película

Las películas normalmente se presentan en dos formas, cartucho o rollo. Tendrás que localizar y leer el manual de instrucciones de tu cámara para determinar qué tipo de película usar. Una cámara digital utilizará una tarjeta de memoria o dispositivo de memoria.

Tamaño

Tu cámara utilizará un tamaño determinado de la película. Muchas cámaras usan un rollo de película de 35 mm, pero algunas cámaras utilizan cartuchos. Los cartuchos vienen en varios tamaños siendo el más común 110 y 120. Elige el tamaño adecuado para tu cámara.

Velocidad

La velocidad de la película se determina por la cantidad de luz necesaria para tomar una foto. La velocidad se indica normalmente por las letras ISO o ASA seguido de un conjunto de números. La película de baja velocidad está típicamente en el rango de 100 a 200 y es útil para las tomas en exteriores, disparos en el sol de objetos inmóviles. La película de velocidad media es de alrededor de 400 y adecuado para interiores, nublados, o fotos de objetos en movimiento. Las películas de alta velocidad son de 800 y superiores se utilizan para las tomas de acción rápida.

CÓMO FUNCiONA: Sesión 1

Rayos de Luz

La cámara funciona como tu ojo. Ambos, la cámara y tus ojos captan la luz reflejada de un objeto. La "apertura" de la cámara como, la pupila de tu ojo, determina la cantidad de luz que se permite entrar en la cámara.

El lente de la cámara concentra la luz sobre la película, permitiendo que la película capture la imagen en cuestión de segundos. Un "disparador" actúa como una puerta. Permite la luz y mantiene la luz fuera. Cuando pulsas el botón de la cámara, el disparador se abre por una fracción de segundo, permitiendo que la luz contacte con la película. Cuando la luz incide en la película, la imagen se incrusta en la película. La velocidad del disparador determina la cantidad de tiempo que el disparador permanece abierto.

Enfocando

El lente de la cámara enfoca el objeto en la película. El sujeto está al revés cuando se enfoca en la película.

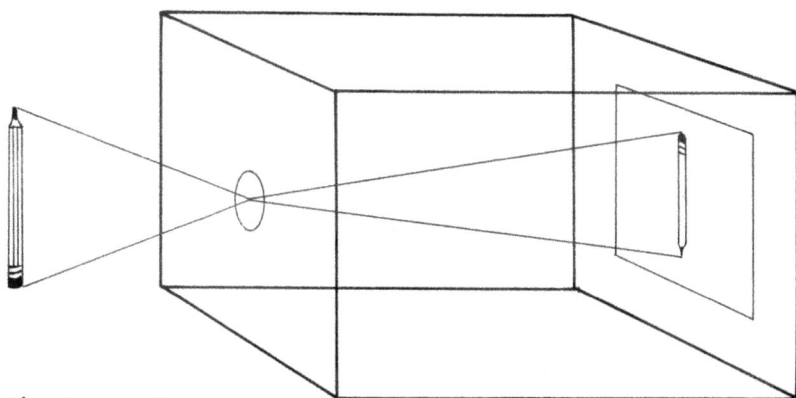

La Película se Expone

Cuando se abre el disparador, los rayos de luz forman una imagen de la película. Exponer la película a la luz le permite a granos fotosensibles de plata capturar la imagen.

La Película se Desarrolla

Cuando se han tomado todas las imágenes en un rollo de película y rebobinado de la película, el siguiente paso es conseguir que la película se desarrolle. Los operadores en la instalación de procesamiento de la película, removerán la película de su envase en un cuarto completamente oscuro o en una "bolsa de cambio" a prueba de luz. La película se convierte en un negativo mediante el uso de los siguientes pasos.

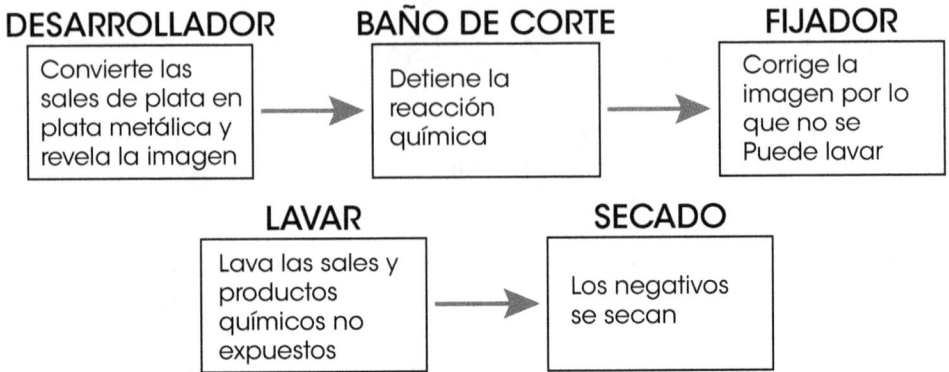

DESARROLLADOR

Convierte las sales de plata en plata metálica y revela la imagen

BAÑO DE CORTE

Detiene la reacción química

FIJADOR

Corrige la imagen por lo que no se Puede lavar

LAVAR

Lava las sales y productos químicos no expuestos

SECADO

Los negativos se secan

Haciendo la Impresión

Se utiliza papel especial para capturar la imagen negativa. Mientras la luz pasa a través del negativo, el papel captura la imagen de la misma manera que la película captura la imagen original. La imagen no se puede ver en el papel expuesto hasta que es desarrollada.

El Cuidado de Tu Cámara

- ☐ Siempre guarda la cámara en un estuche o caja.
- ☐ Mantén tu cámara lejos de condiciones extremadamente frías o calientes.
- ☐ Mantén la película sin abrir hasta que la coloques en tu cámara.
- ☐ Mantén siempre la película en un lugar fresco y seco.
- ☐ Después de que la película se haya utilizado, procésala tan pronto como sea posible.
- ☐ Sopla con cuidado la suciedad y el polvo del lente. Usa un paño suave, poco áspero para limpiar manchas del lente.
- ☐ Nunca uses limpiador para ventanas o gafas en la lente de la cámara.
- ☐ Si la suciedad se mete dentro de la cámara, utiliza un cepillo muy suave para cepillar cuidadosamente hacia fuera.
- ☐ Algunas cámaras utilizan baterías. Comprueba las pilas de vez en cuando y reemplázalas al menos una vez al año.

iMAGEN PERFECTA: sesión 2

Cualquier persona puede tomar una foto con una cámara, ¿pero pueden hacer una buena foto? Compara cualquier foto de revista con una "instantánea", y verás una gran diferencia. La iluminación, la colocación de objetos, y el contraste juegan un papel en la captura de una buena imagen. No tienes que ser un fotógrafo profesional para tomar buenas fotos. ¡Tomar buenas fotos es tan fácil como 1-2-3!

¡Enfocar, Enfocar, Enfocar!

Asegúrate de que tus materias están en foco. No hay nada que tu laboratorio fotográfico o programa de ordenador pueda hacer si tus imágenes están fuera de foco.

Para mantener en foco has lo siguiente:

1. *Mantén la cámara fija.* Usar un trípode mantendrá tu cámara fija.
2. *Comprueba la distancia.* Para una cámara de distancia fija, el sujeto debe estar de al menos cuatro pies de distancia.
3. *Presiona suavemente el botón.* Presiona el disparador suavemente y de manera constante. Esto evitará que la cámara se mueva bruscamente.

ILUMINACIÓN

Demasiada luz o poca luz puede arruinar una buena imagen. Si hay demasiada luz, la imagen está sobreexpuesta y de poca densidad. Si hay muy poca luz, la imagen está subexpuesta y oscura.

Sigue estas sencillas reglas:

1. *Iluminación Frontal.* Esto es cuando la fuente de luz está detrás de la cámara y el sujeto está mirando directamente a la luz. La luz no debe ser demasiado brillante o hará que la persona fotografiada entrecierre los ojos.
2. *Iluminación Lateral.* La fuente de luz está el lado del sujeto. Un lado de tu sujeto estará bien iluminado, y el otro estará oscuro.
3. *Iluminación Trasera.* El sujeto se interpone entre tú y la fuente de luz y se ilumina desde la parte posterior. Esto creará sombras oscuras o una silueta de tu sujeto.
4. *Usa un Flash.* Al tomar imágenes en casa, lo mejor es tener un flash. Para tomar una buena fotografía de flash, el sujeto debe estar de 4 a 10 pies de distancia. Ten cuidado con las superficies brillantes, cristales, espejos, o anteojos. Causan deslumbramiento que puede arruinar tus imágenes.

SELECCIONA UN SUJETO

Selecciona un tema principal para tu imagen. Tómate tiempo para mirar tu tema desde diferentes ángulos para determinar la mejor ubicación y disposición.

Acércate al sujeto. El sujeto debe llenar el visor. Precaución: no te acerques demasiado o la imagen estará borrosa.

Posiciona tu imagen de acuerdo a la Regla de los Nueve. Piensa en tu imagen como dividida en nueve cuadrados: tres de ancho y tres abajo. Coloca la parte más importante de tu imagen en uno de los cuatro lugares donde hay un círculo. Tu sujeto debe estar en el centro de la imagen. Si estás tomando una fotografía de paisaje, asegúrate de mantener el nivel de horizonte en la imagen.

Captura la acción. Si estás tomando una captura de acción de fútbol, el balón de fútbol debe estar en la imagen. Asegúrate de capturar la acción. Si alguien está inflando un globo, asegúrate de que el globo está en la imagen. La gente se verá más natural en un cuadro si están haciendo algo. Toma fotos de algo más que personas de pie en una línea diciendo, "sonrían!"

Encuadra tu imagen. Puedes utilizar árboles, una extremidad saliente, o un túnel, cualquier cosa que cree un marco natural a la vista. Enmarcar significa que usas un objeto cerca de ti para ayudar a encerrar dentro de un círculo estrecho el sujeto.

Evita el desorden. Si hay un montón de cosas en el fondo, el sujeto no se destaca. Cambia el lugar o el ángulo para obtener una mejor imagen. También ten cuidado de los colores o patrones que colisionan.

Utiliza diferentes ángulos. Se creativo. Toma la fotografía desde un ángulo que nadie ha usado o uno que cree un estilo diferente. Obtenlo por encima, por debajo, al nivel de los ojos, o en el suelo.

DESARROLLANDO UNA OBRA MAESTRA: Sesión 3

¿Dónde vas a aprender sobre como desarrollar la película (tienda, la casa de alguien, estudio fotográfico)?

_____

¿Qué pasos están involucrados en el desarrollo de la película?

1. _____
2. _____
3. _____
4. _____
5. _____
6. _____
7. _____

¿Se usa algún producto químico en el proceso de revelado de películas? Si o no

En caso afirmativo, ¿Cuáles son?

1. _____
2. _____
3. _____

¿La tienda de fotografía que estás visitando desarrolla imágenes digitales? Si o no

¿La tienda de fotografía amplía imágenes? Si o no

Si es así, que el orador te diga sobre el proceso de ampliación de la foto.

¿Cuánto es el costo de desarrollar la película?

Para 24 exposiciones: _____

Impresiones dobles: _____

Pide al orador que te guíe a través del proceso de convertir, en tu película. Practica cómo llenar un formulario.

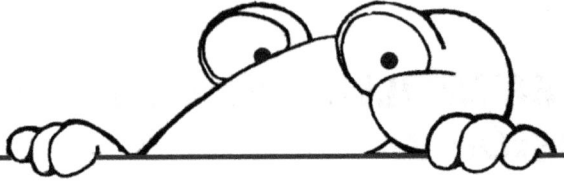

¡ENVUÉLVELO!

1. ¿Cómo te sentiste después de tu proyecto de ministerio?

_____

_____

2. ¿Cómo puede Dios usar tu capacidad de tomar buenas fotos en el futuro?

_____

_____

3. Dios espera que cada persona sirva. Tu capacidad de tomar buenas fotos puede ser usada por Dios. ¿Cuáles son algunas maneras en que Dios puede utilizar tus habilidades fotográficas en tu iglesia?

_____

_____

_____

_____

_____   _____

Fecha   Firma del Guía

TIRO CON ARCO

VERSÍCULO BÍBLICO

"Un mazo, una espada, una aguda saeta,
¡eso es el falso testigo contra su amigo!"
(Proverbios 25:18, NLT)

"Los palos y piedras pueden romper mis huesos,
pero las palabras no pueden hacerme daño." Esta rima
familiar es engañosa. Sabes que los palos y las piedras
hacen daño, pero también sabes que las palabras
duelen también. ¿Alguna vez alguien mintió acerca de
ti o habló de ti a tus espaldas? Entonces sabes que las
palabras duelen en igual medida, o peor, que los palos y
las piedras.

El versículo de Proverbios 25:18 dice que mentir acerca
de alguien es tan dañino como usar un garrote, espada,
o una flecha afilada contra ellos, y, a menudo el daño no
puede ser reparado. Debemos tener cuidado
con lo que decimos de los demás, a pesar de
que hayan dicho cosas malas sobre nosotros.

SERVICIO

Qué Puedes Hacer Con Esta Habilidad

La habilidad de usar un
arco y una flecha ofrece horas
de diversión y competencia. El
tiro con arco ha sido usado para
todo, desde la guerra hasta para el
deporte, y muchos todavía utilizan el arco y la flecha para cazar.
Las competencias de tiro con arco, desafían a los participantes
en las áreas de precisión y distancia.

Requisitos ✓ de Insignia

Elige cuatro de los cinco requisitos para completar la insignia del
Tiro con Arco.

☐ Mostrar a tu guía las siguientes partes de un arco y una flecha:
Partes de un arco: punta, cuerda, agujero de la cuerda, flecha
de descanso, y agarre. Partes de una flecha: culatín, plumas,
eje, cabeza o punta.

☐ Mostrar a tu guía cómo determinar la longitud de la flecha
correcta para ti.

☐ Demostrar a tu guía la técnica de tiro adecuada.

69

☐ Disparar al menos un conjunto (cinco flechas) a las siguientes distancias. Registrar puntaje para cada uno. Utilizar un objetivo de regulación de 48.

   a) 33 pies o más puntuación

   b) 44-55 pies puntuación

☐ Encontrar una manera en la que puedes utilizar tus nuevas habilidades de tiro con arco para ministrar a alguien más.

El Tiro con arco puede ser muy peligroso si no se siguen las reglas de seguridad. Los arcos y flechas no son juguetes. Pueden llegar a ser armas que podrían herir gravemente o matar a alguien.

Física

Seguridad #1

■ **Siempre** tener supervisión de un adulto y escuchar con atención la gama de instrucciones del director.

■ **Nunca** apuntar un arco a cualquier animal, persona o cosa que no quieras golpear.

■ **Asegúrate** de que el área esté libre detrás de tu objetivo.

■ **Sólo** disparar en áreas autorizadas y a los objetivos adecuados.

■ **Sólo** disparar cuando estés seguro de que nadie está alrededor o detrás del objetivo.

■ **Asegúrate** de que tu objetivo es lo suficientemente grueso como para detener la flecha.

■ **Nunca** utilices una cuerda deshilachada.

■ **Nunca** recuperes tus flechas mientras que otros arqueros sigan disparando.

■ **Camina** al manipular flechas.

PALABRAS PARA SABER

A partir de la letra "r", en orden, coloca las letras en los espacios en blanco a continuación para crear la correcta "Palabra Para Saber".

Usa estas letras: r m s c t A R u b z n C c j l t j m m a o s b z d G p o t B z s a

A__co Co__pue__to:	Un arco que utiliza una serie de poleas para crear tensión en la cuerda del arco. Se utiliza sobre todo para la caza.
Ar__o Rec__o:	Un arco que es recto de arriba a abajo.
___rco ___ec__rvo:	Una fibra de madera, de vidrio, o de grafito / carbono de arco compuesto que se enrosca en los extremos.
Ca__e__a o Pu__ta:	El extremo aplanado de una flecha. Los tres tipos principales son campo, objetivo, y de caza.
__ar__aj:	Un caso para sostener las flechas que no han sido despedidas.
Cu__a__ín:	La ranura en el extremo de una flecha utilizada para sostener la cuerda del arco.
E__e:	El cuerpo de madera, aluminio o grafito / carbono de una flecha.
E__plu__ __d__:	Plumas unidas a la flecha ayuda para estabilizar su vuelo.
E__ta__ili__a__or:	Un peso montado en un arco para minimizar la extensión indeseable de la cadena cuando se libera.
___ru__o:	El modelo de flechas sobre el objetivo.
Pr__tec__or de ___ra__o:	Protege el brazo del arco de las abrasiones de la cuerda del arco.
Vi__t__:	Dispositivo utilizado para ayudar al arquero en el objetivo de la meta.

TODO SOBRE TiRO CON ARCO: Sesión 1

El tiro con arco revolucionó la historia. El tiro con arco cambió la cara de la guerra e hizo la caza más fácil. Hoy en día, el tiro con arco es un deporte en el que se tiran flechas con un arco. Hay cuatro versiones diferentes de este deporte.

1. **Caza con Arco.** El juego de cacería de arqueros (animales) con un arco y flecha.
2. **Objetivo de Tiro con Arco.** Los arqueros disparan a blancos a diferentes distancias para determinar la exactitud.
3. **El Campo de Tiro con Arco.** Los arqueros disparan a blancos en simuladas situaciones de caza.
4. **Tiro con Arco de Vuelo.** Los arqueros disparan por distancia no por la exactitud del destino.

71

Tipos de Arcos
Hay tres tipos principales de arcos –

R
E
C
U
R
V
O

C
O
M
P
U
E
S
T
O

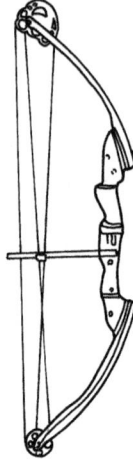

R
E
C
T
O

Todo Sobre el Arco

Los arcos son generalmente hechos de madera, fibra de vidrio o un material compuesto de carbono / grafito. Hay varios tipos de arcos.

1. Arco Recurvo. Las puntas del arco se curvan lejos del arquero.

2. Arco Compuesto. Compuesto significa más de uno. Este arco tiene dos cables y de dos a seis poleas que lo hacen más fácil de extraer y más poderoso.

3. Arco Recto. Cuando este arco está sin encordar, se ve como una pieza recta de madera.

Los arcos se clasifican según su peso. El peso es la cantidad de fuerza que se necesita para dibujar (retroceder) una flecha 28. Si un arco tiene un peso de 35 libras, lleva 35 libras de fuerza para tirar de una flecha 28. Para seleccionar un peso adecuado, debes ser capaz de mantener el arco en apertura total por lo menos durante 10 segundos sin agitación.

Partes de un Arco

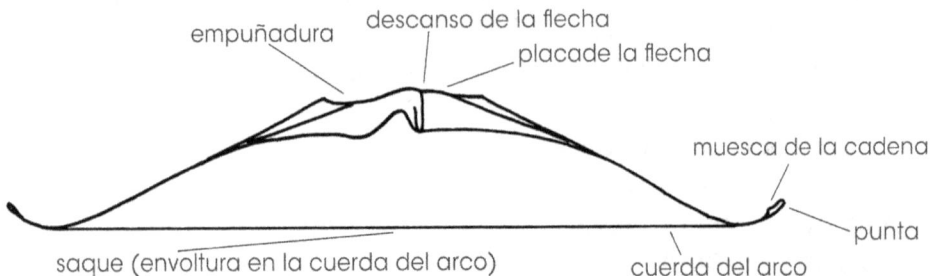

empuñadura

descanso de la flecha

placade la flecha

muesca de la cadena

punta

saque (envoltura en la cuerda del arco)

cuerda del arco

Cuidado del Arco

1. Descuerda tus arcos recurvo y recto cuando no se estén usando. Dejándolos con las cuerdas, puede causar que los arcos se queden permanentemente doblados.
2. Cuelga el arco vertical u horizontal en clavijas.
3. Guarda el arco en un lugar fresco y seco.
4. No utilices tu arco como un bastón o para golpear objetos.
5. Nunca empates un arco más allá de su duración normal. Empatarlo demasiado puede causar que el arco se debilite y eventualmente se rompa.
6. Nunca "entrenes en seco" tu arco. Entrenar en seco es cuando tiras de la cuerda hacia atrás y disparas el arco sin flecha.
7. Si hace frío, flexiona tu arco varias veces antes de disparar.
8. Mantén la cuerda encerada.
9. Si alguna de las cuerdas de los arcos están rotas o desgastadas, reemplaza la cadena inmediatamente.

Todo Sobre la Flecha

Las flechas están hechas de madera, aluminio, o un compuesto de grafito de carbono y pueden tener varios puntos o cabezas diferentes.

El emplumado (plumas) ayuda a la flecha a mantener un vuelo suave, recto.

Las flechas vienen en diferentes longitudes. Para determinar la mejor longitud para ti, mantén los brazos rectos y coloca tus palmas juntas con los dedos tocando. Pídele a alguien que mida la distancia desde la punta de los dedos a la parte frontal del cuello. Esta será la longitud de la flecha que debes utilizar

Partes de una Flecha

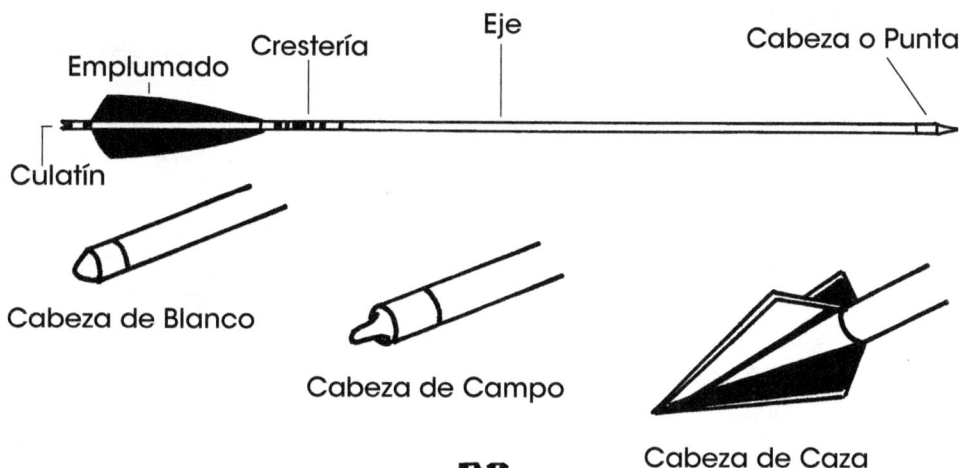

Emplumado Crestería Eje Cabeza o Punta

Culatín

Cabeza de Blanco

Cabeza de Campo

Cabeza de Caza

Cuidado de la Flecha

1. Busca daños en las flechas antes y después de dispararlas.

2. Si una flecha se astilló, rómpela y tírala a la basura. Una flecha astillada puede lesionar gravemente al arquero.

3. Arregla el emplumado que se haya soltado.

4. Mantén las flechas adicionales en un carcaj o un soporte, mientras estés disparando.

Otros Equipos

Carcaj. Un carcaj es un soporte de cuero o de plástico para flechas que se sujetan al arco, cinturón, o en la espalda.

Protector de Brazo. Se trata de una tira de plástico o cuero protectora colocada en el brazo, en el interior de la mano que sostiene el arco. Esto protege la muñeca y el antebrazo de la cuerda del arco.

Blanco. Un blanco de tiro con arco tiene 10 anillos de puntuación y 5 círculos de colores. Cada anillo muestra el número de puntos recibidos cuando es golpeado por la flecha.

LA PRÁCTICA HACE AL MAESTRO: Sesión 2

Cómo Pararse

Sostén el arco con la mano izquierda. (Si eres zurdo, sostén el arco con la mano derecha.) Gira el cuerpo hacia los lados con la parte que sostiene el arco apuntando al blanco. Coloca tus pies a una distancia cómoda, con tu peso distribuido uniformemente en ambos pies.

Poniendo la Flecha en Lugar

Gira tu arco a una posición vertical con la mano por encima. Coloca la flecha en el descanso de la flecha, y coloca el culatín de la flecha en la cuerda del arco. Asegúrate de que la flecha esté recta, y los puntos emplumados de colores impares lejos del arco.

Coloca los tres primeros dedos de la mano derecha (usa la mano izquierda si eres zurdo) de la cuerda del arco. Sostén la flecha entre el dedo índice y el del medio en la primera articulación.

Dibujando el Arco y Soltando la Flecha

Eleva la proa con tus dedos sosteniendo la flecha en la cadena. Sostén el arco en el brazo extendido y sobre nivel del hombro en frente a ti. Tira de la cadena hacia atrás hasta que la palma de tu mano descanse sobre tu mejilla.

Apunta la flecha hacia el blanco. Es posible que desees cerrar un ojo para ayudarte a apuntar mejor. Toma una respiración y luego exhala. Cuando tu cuerpo se haya relajado exhala y permite que tus dedos se relajen y liberen la flecha. Los brazos deben permanecer en la misma posición durante unos segundos después de soltar la flecha.

LA COMPETENCIA: Sesión 3

El Blanco

Hay cinco colores en un blanco oficial de tiro con arco. Hay 10 círculos en cada objetivo, cada uno con un número para la puntuación.

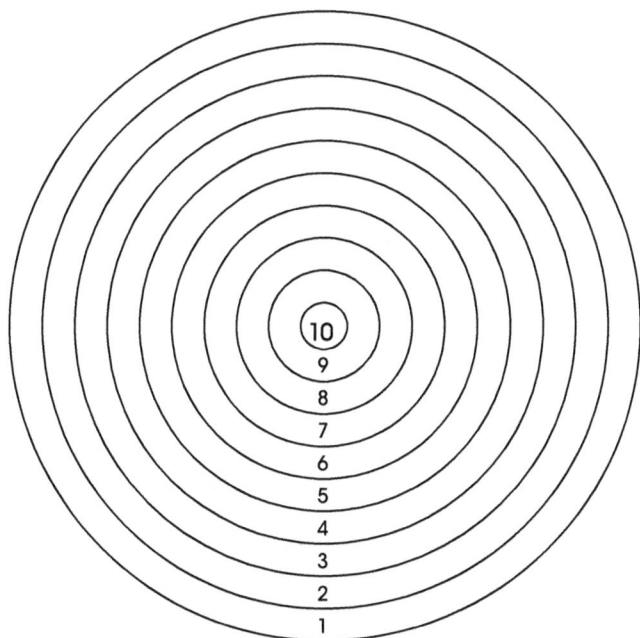

10	Amarillo
9	Amarillo
8	Rojo
7	Rojo
6	Azul
5	Azul
4	Negro
3	Negro
2	Blanco
1	Blanco

Dianas

El blanco debe ser de 48 de diámetro, y el centro debe estar unos 4 `3" de la tierra.

Para cada competencia de tiro con arco, un "set" son 5 flechas y una "ronda" son 20 flechas.

1. 20 flechas a 33 yardas de distancia de la meta
2. 20 flechas a 44 yardas de distancia de la meta
3. 20 flechas a 55 yardas de distancia de la meta.

La puntuación se comprueba después de que cada serie se haya disparado.

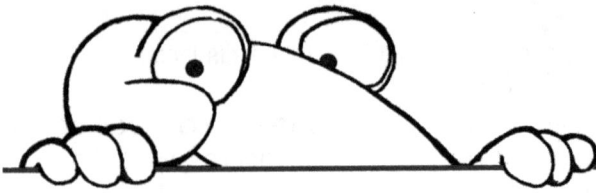

¡ENVUÉLVELO!

1. ¿Cómo puedes utilizar el tiro con arco en el futuro?

   _____

   _____

   _____

2. ¿Cuáles son algunos de los conceptos bíblicos que puedes aprender de tiro con arco?

   _____

   _____

   _____

3. ¿Cómo te sentiste al hacer tu proyecto de ministerio?

   _____

   _____

   _____

_____   _____
Fecha   Firma del Guía

76

SALUD

VERSÍCULO BÍBLICO

"¿Acaso no saben que su cuerpo es templo del Espíritu Santo, quien está en ustedes y al que han recibido de parte de Dios? Ustedes no son sus propios dueños; fueron comprados por un precio. Por tanto, honren con su cuerpo a Dios." (1 Corintios 6:19-20)

Dios creó el cuerpo humano, y es un regalo maravilloso de Él. Dios quiere que la gente cuide de sus cuerpos.

Imagina que alguien te dio un regalo. En vez de agradecer a la persona y el cuidar del regalo, lo estrellas contra el suelo y lo destruyes.

Cuando llenamos nuestros cuerpos con cosas que nos pueden hacer daño o no cuidamos de nuestro cuerpo, es lo mismo que tomar un regalo de Dios y lanzarlo en el suelo para destruirlo. Cuando nos ocupamos de nosotros mismos y evitamos cosas que nos pueden hacer daño, nos sentimos mejor, nos mantenemos saludables, y somos capaces de hacer las cosas que Dios quiere que hagamos.

COMPASIÓN

Qué Puedes Hacer Con Esta Habilidad

Cuidar de ti mismo es un gran problema. Comenzar a vivir un estilo de vida saludable, ahora te ayudará en la casa, la escuela y la iglesia. Cuando te sientes bien, puedes hacer más y tener más diversión. Puedes evitar enfermarte con tanta frecuencia. También puedes animar a otras personas a vivir estilos de vida saludables.

Requisitos ✓ de Insignia

Elija cuatro de los cinco requisitos siguientes para que los Descuridores completen la insignia de la Salud.

☐ Aprenda los cuatro hábitos saludables que conforman un estilo de vida saludable.

☐ Observa tus rutinas diarias y registra los hábitos saludables y los no saludables.

- [ ] Crear un plan de juego para un estilo de vida saludable.
- [ ] Cambia un hábito de estilo de vida y registra los cambios por un periodo de tiempo.
- [ ] Encuentra una manera de utilizar las habilidades de Salud para ministrar a otra persona.

#1 Seguridad

■ Si tienes problemas de salud o sobrepeso, pide a tus padres que te lleve al médico antes de empezar a hacer ejercicio o practicar algún deporte con regularidad. Tu médico puede ayudarte a elegir el tipo de actividades que puedes hacer con seguridad.

PALABRAS PARA SABER

Estilo de Vida: Los tipos de hábitos que una persona mantiene.

Cafeína: Un químico que se encuentra en los refrescos y otras bebidas, así como en el chocolate. La cafeína es un estimulante.

Estrés: Las cosas que ponen presión sobre ti, como pruebas, enfermedades, problemas en casa, tareas, actividades extras. El estrés también se refiere a la forma en que su cuerpo responde a la presión.

Teleadicto: Una persona que no es muy activa. Por lo general, ve mucha televisión o pasa mucho tiempo frente a los juegos de ordenador o de vídeo.

Estimulante: Algo que te hace estar más despierto y activo, pero sólo por un rato.

Balance: Firmeza mental, emocional y física. Si tu vida está equilibrada, puedes tener tiempo suficiente para trabajar, jugar y cuidar de ti mismo.

Localiza el vocabulario que aprendiste en esta sopa de letras. Las letras sin marcar en las primeras seis filas revelarán un mensaje secreto.

d	i	o	s	q	u	i	e	r	e	q	u	e	n
o	s	o	t	c	a	f	e	í	n	a	r	b	o
s	e	l	o	h	o	n	s	r	e	m	o	a	s
a	s	l	c	u	i	d	t	a	r	d	e	l	n
u	t	e	l	e	a	d	i	c	t	o	e	a	s
t	i	r	o	s	c	u	l	e	r	p	o	n	s
s	m	d	í	t	e	d	o	b	a	n	í	c	o
é	u	a	s	r	c	n	d	c	s	t	m	e	a
d	l	l	é	n	a	t	e	u	é	e	l	n	f
e	a	f	r	d	l	m	v	n	d	r	d	e	n
t	n	c	v	n	í	o	i	t	s	o	c	l	t
v	t	u	s	n	b	f	d	v	o	a	m	f	n
b	e	s	t	r	é	s	a	o	d	o	t	í	b
í	r	n	d	o	e	m	u	é	r	s	v	d	a

¡LOS ESTILOS DE VIDA NO SON SÓLO PARA LOS RICOS Y FAMOSOS! Sesión 1

¿Cuál es tu estilo de vida? Todo el mundo tiene uno. Algunas personas son adictos a la televisión, pasan la mayor parte de su tiempo en sintonía, conectados, o espaciados. No son muy activos. Otros están siempre ocupados, y jugarían sus deportes favoritos o simplemente correrían todo el día si pudieran. Tu estilo de vida es la forma en que eliges vivir - tus hábitos.

No todos los estilos de vida son saludables. Si pasas mucho tiempo sentado y comiendo comida chatarra, tendrás sobrepeso y probabilidades de enfermarte gravemente. Si estás demasiado ocupado o si tienes grandes problemas en el hogar o en la escuela, es posible que sufras de estrés.

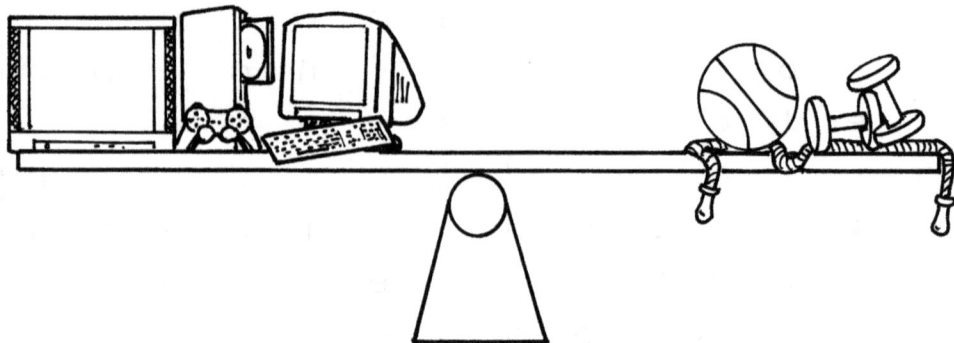

¿Qué Pasa Si Estoy Enfermo Todo El Tiempo?

Algunas personas tienen enfermedades crónicas o problemas de salud que duran mucho tiempo. Algunas enfermedades crónicas que los niños a menudo tratan son la diabetes, el asma, migrañas y alergias. Puedes vivir bien si tienes una enfermedad crónica. De hecho, un buen cuidado de ti mismo puede ayudarte a sentirte mejor y a no empeorar.

¡Estar en buen estado de salud física y mental es muy importante! La forma en que cuidamos de nosotros mismos puede ayudarnos a vivir bien, en lugar de estar enfermos, estresados, o deprimidos todo el tiempo. Hay cuatro partes muy importantes para un estilo de vida saludable:

DORMIR – El sueño ayuda a Tu cuerpo a sanar y luchar contra la enfermedad. Tu mente también descansa cuando duermes. Tiene la oportunidad de resolver los acontecimientos del día y resolver problemas. Cuando duermes lo suficiente, puedes pensar con más claridad, llevarte mejor con los demás, evitar que te enfermes, y te va mejor en la escuela. Probablemente necesitarás unas 10 horas de sueño cada noche. Si todavía estás cansado cuando despiertes, es posible que necesites dormir más. Lo mejor es ir a la cama y levantarte a la misma hora todos los días.

COMER – Tu cuerpo necesita buena comida para mantenerse saludable. Elegir alimentos saludables puede ser simple. Intenta cortar o limitar la cantidad de comida rápida, comida basura, y los dulces que comes. Trata de comer un plátano en lugar de un dulce cuando quieras algo dulce. Sólo di "NO" a los chips. La comida chatarra y la comida rápida contienen gran cantidad de grasas saturadas que pueden causar enfermedades del corazón. También contienen más azúcar de la que necesitas en un día.

También, corta o limita la cantidad de sodio que bebes. El agua ayuda a sentirte bien y con frecuencia puedes detener un antojo antes de empezar a masticar. Las sodas contienen gran cantidad de azúcar y la mayoría contienen cafeína, un estimulante que puede hacer que estés nervioso y alterar el sueño.

¡De Ninguna Manera!

Puedes notar que tienes mucha energía después de comer chocolate o beber gaseosas. ¿Por qué?

La cafeína, una sustancia química que se encuentra en muchos aperitivos y bebidas, es un estimulante. Los estimulantes causan que la adrenalina fluya, te da energía y te hace sentir más despierto, pero sólo por un rato. Después de que tu cuerpo utiliza la cafeína, realmente necesitas más horas de sueño y mucha agua para sentirse normal otra vez. Pequeñas cantidades de cafeína probablemente no te harán daño, pero el exceso de cafeína cada día puede hacer que te sientas nervioso. Esto es lo que puede suceder:

- [ ] Sientes que necesitas cafeína todo el tiempo, y te sientes mal sin ella. (Esto se llama adicción.)
- [ ] A veces tienes problemas para conciliar el sueño. Si te quedas dormido, te despiertas cansado.
- [ ] Es posible que te sientas nervioso.
- [ ] Puede ser difícil concentrarte en las tareas escolares u otras actividades.
- [ ] Te sientes cansado y deprimido cuando la cafeína desaparece.
- [ ] Puedes tener dolor de cabeza o sentirte mareado.

Lo mejor es limitar la cantidad de cafeína que comes o bebes cada día. Ya que la cafeína permanece en tu cuerpo durante seis horas, trata de no comer o beber cosas que contengan cafeína por la noche. ¡No te dejes engañar, el chocolate y el chocolate caliente también contienen cafeína! Aquí hay una lista de los refrescos más comunes y cuánta cafeína puede contener uno:

Jolt	71,2 mg
Mountain Dew	55 mg
Coca-Cola	45,6 mg
Dr. Pepper	39,6 mg
Pepsi Cola	37,2 mg
Barq's Root Beer	23 mg
Sprite	0 mg

EJERCICIO – Para mantenerte sano, es importante hacer algo de ejercicio. Todo el mundo sabe que el ejercicio es bueno para tu cuerpo. ¿Sabías que es bueno para la mente también? Estar sentado todo el tiempo puede hacer que te sientas aburrido y deprimido. Levantarte y hacer ejercicio puede ponerte en un mejor estado de ánimo, ayudarte a dormir mejor y ayudar a prevenir que te enfermes.

El ejercicio puede ser divertido. Juega un deporte favorito, da un paseo, anda en bicicleta o juega al aire libre con tus amigos. Si no eres muy activo por lo general, comienza lentamente y has actividades más vigorosas. Al menos 30 minutos de ejercicio cada día es una buena meta.

BALANCE – Balance es tu estabilidad mental y emocional. Cuando haces tiempo para el trabajo, la diversión, el ejercicio, el sueño, la alimentación, y Dios, estarás sano. Un ejemplo de equilibrio sería ir a la cama temprano para dormir lo suficiente, comer, así como puedes pasar tiempo fuera y ver la televisión o jugar juegos de video, orar todos los días y hacer tu tarea.

Antes de que puedas cambiar su estilo de vida, necesitas saber cuales son tus hábitos. Durante una semana, has un seguimiento de los alimentos que comes, cómo gastas tu tiempo, cuanto duermes, y lo que te estresa. Puedes utilizar estos gráficos o copiarlos en un cuaderno.

Lo Que Comí

En un gráfico de este tipo, mantén un registro de todo lo que comes durante una semana. Los aperitivos cuentan como todo lo que comes que no es parte del desayuno, el almuerzo o la cena. Los caramelos y refrescos cuentan como aperitivos. Cuando comes un bocadillo, escribe cuando comiste ese aperitivo también.

Semana de:	Domingo	Lunes	Martes	Miércoles	Jueves	Viernes	Sábado
Desayuno							
Almuerzo							
Cena							
Aperitivos							

Lo Que Hice

En un gráfico de este tipo, mantén un registro de todo lo que hiciste con tu tiempo durante una semana. Graba cuando te fuiste a la cama, cuando te despertaste, lo que hiciste antes y después de la escuela (o todo el día), y en lo que estás.

	Domingo	Lunes	Martes	Miércoles	Jueves	Viernes	Sábado
5 A.M.							
6 A.M.							
7 A.M.							
8 A.M.							
9 A.M.							
10 A.M.							
11 A.M.							
2 mediodía							
1 P.M.							
2 P.M.							
3 P.M.							
4 P.M.							
5 P.M.							
6 P.M.							
7 P.M.							
8 P.M.							
9 P.M.							
10 P.M.							
11 P.M.							
Pasar la Noche							

HACIÉNDOLO JUNTO: Sesión 2
¿Qué Es Lo Que Me Estresa?

En un gráfico de este tipo, escribe las cosas que te hacen sentirte preocupado, enojado, molesto, frustrado, o asustado. Esto puede ser cualquier cosa-pruebas, argumentos, pesadillas, llegar tarde a la escuela o una actividad, perder algo, mudarte, enfermedad, comenzar la escuela, etc. No tienes que compartir esta lista con los demás si no quieres.

Domingo	Lunes	Martes	Miércoles	Jueves	Viernes	Sábado

Alivio Del Estrés

¿Has tenido problemas para dormir porque estabas nervioso por una prueba? ¿Estás tan preocupado que tu cabeza o estómago dolía? Entonces has sentido estrés.

El estrés es lo que sucede cuando te sientes preocupado, incómodo, enojado, frustrado, o asustado. En pequeñas cantidades, el estrés puede ayudarte a hacer las cosas mejor, como cuando estás un poco nervioso antes de un partido de fútbol o una actuación o una prueba. El estrés le dice a tu cuerpo que libere adrenalina en tu sistema-esto ayuda a sentirte más despierto, correr más rápido, esforzarte más y pensar más claramente.

Pero cuando estás realmente molesto o preocupado durante mucho tiempo, al igual que cuando un miembro de tu familia o un amigo está enfermo, hay problemas en el hogar o en la escuela, alguien te hace sentir inseguro, o si tienes demasiadas cosas que hacer, el estrés se vuelve malo. Estos problemas no desaparecen con rapidez, por lo que la adrenalina sigue adelante. Muy pronto, puedes sentirte nervioso, tener problemas para dormir, estar irritable o enojado fácilmente, o incluso sentirte enfermo!

Cuando te sientas estresado, hay algunas cosas que puedes hacer:

- [ ] **ORAR.** Dios te ama y escucha tus problemas. Le puedes pedir ayuda.

- [ ] **HÁBLALO.** Habla con un adulto de confianza sobre lo que te está molestando. Deja que esta persona sepa que tiene un problema. ¡Un adulto puede ser capaz de ayudarte a resolverlo!

- [ ] **ANÓTALO.** Escribe tus sentimientos en un diario o un cuaderno. Incluso si no eres capaz de hablar de tu problema de inmediato, puedes tener tus sentimientos en papel hasta que puedas hablar con alguien.

- [ ] **OLVÍDATE DE LO QUE TENGAS.** Si te sientes cansado y estresado porque tienes demasiadas actividades después de la escuela, es posible que dejes para después una de ellas.

- [ ] **RELÁJATE.** Cuando te sientas estresado, deja lo que estás haciendo y respira lentamente por la nariz, luego exhala lentamente por la boca. Repite esto varias veces lentamente. Luego alterna tensar y relajar tus músculos lentamente. Comienza con tus dedos de los pies y termina con tu cara. Este ejercicio puede ayudarte a conciliar el sueño.

- [ ] **¡EJERCICIO!** Si estás estresado, haz algo de ejercicio. Juega un deporte favorito, sal a caminar, anda en bicicleta, o simplemente juega con tus amigos.

QUE SEA UN HÁBITO: Sesión 3

Ahora que has pensado en tu estilo de vida, ¿qué puedes hacer para que sea más saludable? Haz una lista de tus metas para un estilo de vida saludable. Trata de seguirlas por lo menos durante un mes. Mantén un registro de tus actividades en un cuaderno, usa un gráfico como los de Sesión 2. Es más fácil vivir saludable si tienes a otros haciéndolo junto contigo. Consigue que tus amigos o familiares hagan ejercicios contigo o jueguen juegos en lugar de ver televisión. Has bocadillos saludables para compartir con tus amigos.

Mi Estilo De Vida Saludable Objetivos
Para tener un estilo de vida saludable, voy a hacer mi mejor esfuerzo para lograr los siguientes objetivos:

_____

_____

_____

Tengo la intención de lograr estos objetivos. . .

_____

_____

_____

_____

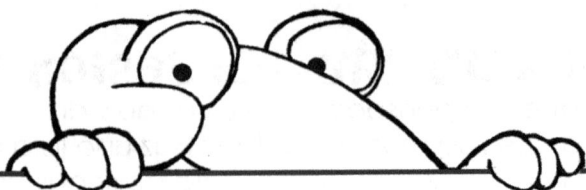

¡ENVUÉLVELO!

1. ¿Qué tan difícil fue cambiar un hábito de estilo de vida?

   _____

2. ¿Cómo puedes usar tus habilidades de Salud para ayudar a otros?

   _____

   _____

   _____

3. ¿Cómo aprender acerca de estilos de vida saludables te ayuda a servir a Dios?

   _____

   _____

   _____

4. ¿Cómo te sentiste después de tu proyecto de ministerio?

   _____

   _____

_____   _____
Fecha   Firma del Guía

COMETAS

VERSÍCULO BÍBLICO

"El viento sopla por donde quiere, y lo oyes silbar, aunque ignoras de dónde viene y a dónde va. Lo mismo pasa con todo el que nace del Espíritu." (Juan 3:8)

¿Alguna vez te sentaste en un campo y te preguntaste ¿de dónde venía el viento? Un momento mece la hierba hacia la izquierda, y al momento siguiente hacia la derecha. No puedes ver el viento, pero puedes ver los efectos del viento. En San Juan, capítulo 3, Jesús está hablando con Nicodemo sobre el Espíritu de Dios. Él le explica a Nicodemo que el Espíritu de Dios se mueve como el viento, cambia de direcciones y nos preguntamos de dónde viene. A pesar de que no podemos ver el Espíritu de Dios, podemos ver cómo Su Espíritu afecta a los hijos de Dios. Al igual que la hierba se mueve por el viento, el pueblo de Dios es movidos por su Espíritu.

SERVICIO

Qué Puedes Hacer Con Esta Habilidad

¡Aprender como hacer y volar una cometa es una maravilla! Una vez que aprendas los conceptos básicos de hacer la cometa, puedes aumentar tus habilidades para hacer cometas más grandes y mejores.

Requisitos ✓ de Insignia

Elige cuatro de los cinco requisitos para finalizar la insignia Cometas.

- [ ] Identificar tres tipos de cometas.
- [ ] Conocer las reglas de seguridad para volar una cometa.
- [ ] Hacer una cometa.
- [ ] Volar tu cometa.
- [ ] Encuentra una manera en la que puedes usar tus nuevas habilidades de Cometa para ministrar a alguien más.

Física

Tipos De Cometas

Hay tres tipos principales de cometas—

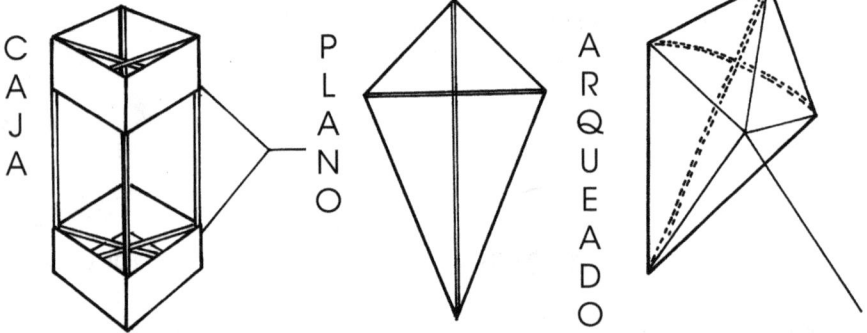

C A J A

P L A N O

A R Q U E A D O

PALABRAS PARA SABER

Lanzamiento: Proceso de hacer volar con éxito el cometa.

Línea: La cadena que conecta la cometa en el aire con el carrete en tu mano.

Aerodino: Objetos que superan la gravedad de la Tierra y que son capaces de volar debido a la fuerza de la presión del viento o eólica.

Brida: El conjunto de cadenas que conectan la parte superior e inferior de la cometa a la línea.

Cola: Una combinación decorativa de cadena y paño unido a la parte inferior de una cometa.

¿CÓMO HACER ESO? Sesión 1

¿Alguna vez has visto a alguien que monta en un coche con el brazo colgando por la ventana? Si mantienen su brazo derecho, y trasladan su mano arriba y abajo, podrían sentir la fuerza del viento que empuja contra su mano. Su mano corta el aire causando que algo de aire pase por encima de sus manos, mientras que el resto del aire pasa debajo de su mano. **Nota:** Tener los brazos colgandos de la ventana de un coche no es algo seguro, sobre todo si hay tráfico o calles estrechas.

Algo similar ocurre cuando vuelas una cometa. El aire que pasa por debajo de la cometa es lento y tiene mucha presión. Sin embargo, el aire que pasa por encima de la cometa es delgado, rápido y ligero. La presión del aire debajo de la cometa es mucho más fuerte, obliga a la cometa a subir.

Los aerodinos son objetos que utilizan presión de aire para vencer la gravedad de la Tierra con el fin de volar. Las cometas son algunos de **los aerodinos** más conocidos.

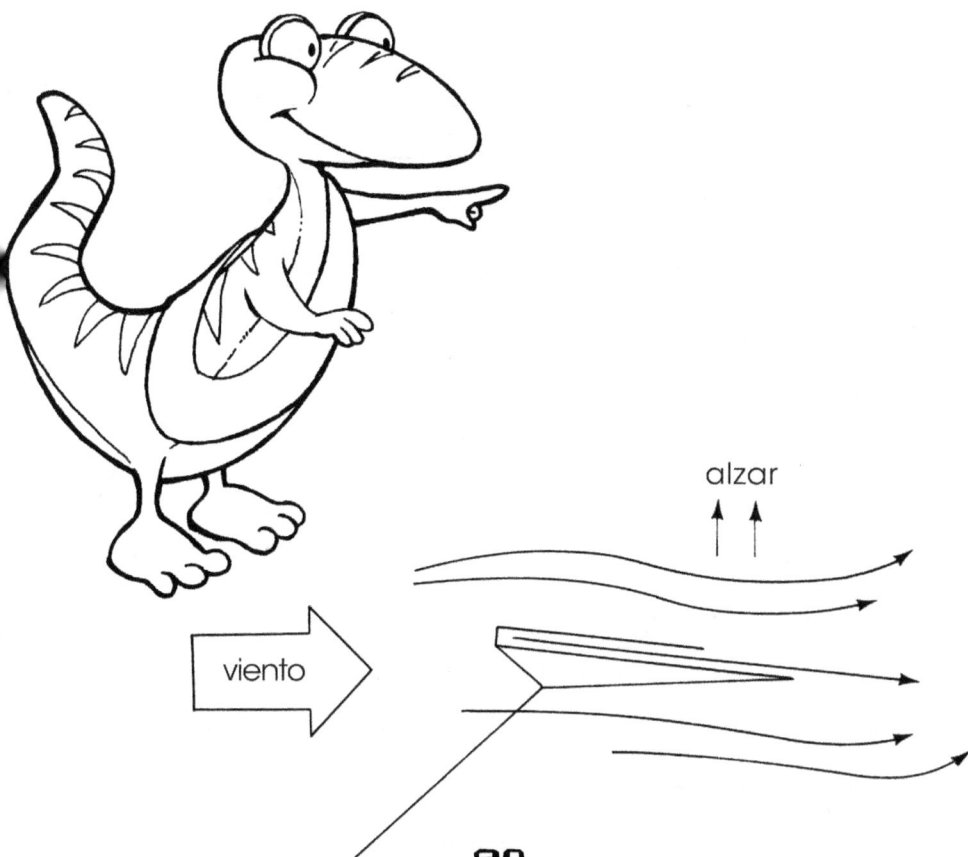

alzar

viento

Haz Tu Propio Aeroplano De Papel

Los aviones de papel pueden ser muy divertidos. Hay muchos diseños diferentes para los aviones de papel. Después de realizar tu avión de papel y volarlo, responde a estas preguntas.

¿Dónde vuelas tu aeroplano de papel?

¿Qué tipo de trucos has hecho con tu avión de papel?

DISEÑA Y CONSTRUYE TU PROPIA COMETA: Sesión 2

Haciendo una Cometa

1. Haz una marca con crayola en el medio de la barra de 30 pulgadas.

2. Haz una marca de 9 pulgadas desde el extremo de la barra de 36 pulgadas.

3. Coloca los palos en forma de T así las marcas de crayón estarán juntos. Pega los palillos en este punto.

4. Enrolla una cadena en forma de X donde los dos palos están pegados.

5. Con un cuchillo pequeño, corta cuidadosamente una muesca en el extremo de cada palo. Pon una gota de pegamento en la ranura.

6. Delinea la cometa al dibujar un trozo de cuerda a través de cada muesca. Anúdala firmemente. El pegamento mantendrá la cadena en el lugar. Deja que el pegamento se seque por completo.

7. Coloca el marco de la cometa en una hoja grande de papel de regalo o de un periódico.

8. Corta el papel 2 pulgadas más grande que el marco.

9. Dobla las 2 pulgadas extra sobre la cadena y pégala abajo.

10. Decora la cometa con marcadores o crayones. Ten cuidado de no romper el papel.

11. Para la brida, pon el cometa en el suelo con los palos hacia abajo. Corta un trozo de cuerda de 40 pulgadas de largo. Ata un extremo a la parte superior y el otro extremo a la parte inferior de la cometa.

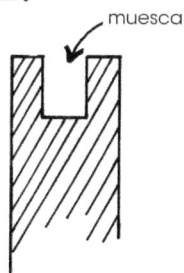

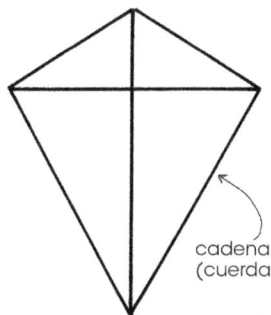

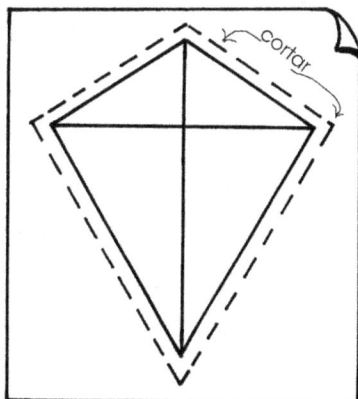

palo de 30 pulgadas

9 pulgadas

palo de 36 pulgadas

goma de pegar

muesca

cadena (cuerda

cortar

cuerdas de 34 pulgadas

frenillo

cuerdas de 40 pulgadas

las cuerdas crean la brida

cuerdas de la cometa

6 pulgadas

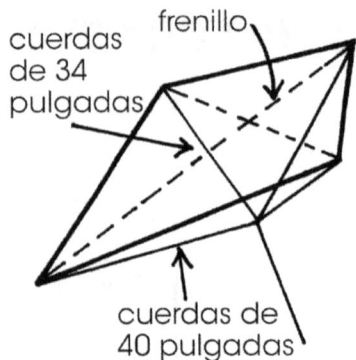

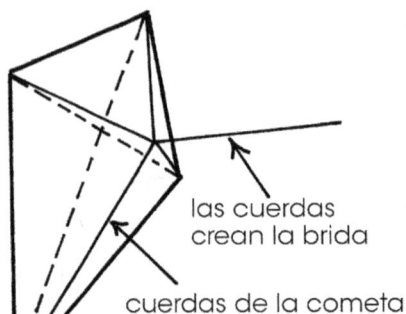

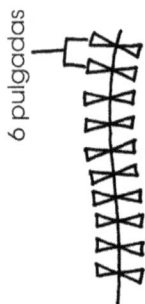

12. Corta la segunda cadena de 34 pulgadas de largo. Amarra los dos extremos juntos en el palo cruzado.

13. Recoge las dos cadenas de la brida en el punto donde se cruzan, y conecta el hilo de la cometa. Es posible que tengas que ajustar la brida después de tu primer vuelo de prueba.

14. Una cometa de vuelo necesita una cola para ayudar a mantener la parte inferior de la cometa hacia abajo y la parte superior hacia arriba.

15. Para hacer una cola, corta una cuerda de 8 pies de longitud. Corta tela vieja en pedazos de "2x6". Coloca cada pieza de tela a la cadena. Deja seis pulgadas entre cada pieza de tela.

NOTA: Las cometas planas pueden ser difíciles de lanzar y volar. Considera inclinar los palos de las cometas para hacer una "cometa arqueada."

REGLAS DEL AIRE: Sesión 3
Volando Seguro

¡Saber cuándo y dónde volar una cometa es importante! Las cometas son divertidas, pero sólo cuando se utilizan con prudencia. Echa un vistazo a la siguiente lista de preguntas que debes hacer cuando estás buscando un lugar para volar la cometa.

☐ ¿Hay postes eléctricos, cables o árboles cerca?

☐ ¿De qué color está el cielo?

☐ ¿Qué tan cerca estoy de casas y edificios?

☐ ¿A qué distancia estoy de otra cometa en vuelo?

¡Vamos a Volar!

Volar una cometa parece fácil, pero hay muchos pasos que van en un **lanzamiento** exitoso. **El lanzamiento** de un cometa es una cosa, mantenerlo en el aire es otra Hay muchos factores que juegan un papel en el vuelo de cometas. Algunos se puede controlar, y algunos no.

3, 2, 1 Lanzamiento

Paso 1: Párate de espalda al viento.

Paso 2: Con el brazo levantado, mantén la cometa en posición vertical por la esquina inferior. La nariz de la cometa se debe inclinar hacia ti. La cola debe estar recta en el suelo detrás de ti.

Paso 3: Sostén el carrete de la **cuerda** con la otra mano.

Paso 4: Cuando sientas un viento constante, empuja suavemente la cometa en el aire.

Paso 5: Corre hacia atrás y empieza a soltar la **cuerda**. La cometa debería comenzar a cortar el viento haciendo que se eleve. ¡Si no es así, vuelve a intentarlo!

Cómo Volar una Cometa

Una vez que el cometa está en el aire, necesitas hacer ajustes dependiendo de cómo está volando. Echa un vistazo a las instrucciones y diagramas de abajo para un tiempo óptimo de vuelo.

☐ Si la cometa empieza a zigzaguear, dale más cuerda.

☐ Si la cometa empieza a bucear hacia el suelo, camina hacia atrás y enrolla tu cadena.

93

☐ Para elevar más tu cometa, lentamente suelta más cuerda. Sin embargo, recuerda mantener la línea apretada.

hacer bucles la izquierda

hacer bucles la derecha

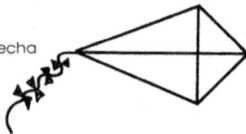

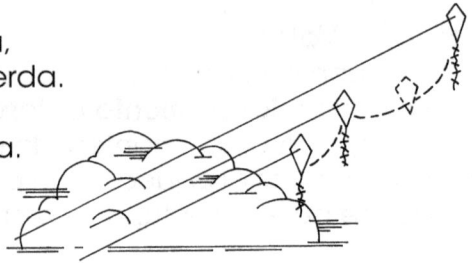

☐ Si la cometa empieza a hacer bucles hacia la derecha o la izquierda, está fuera de balance.

Mantener el Equilibrio

☐ Comprueba las cadenas que forman la brida. ¿Están centradas? ¿Has atado tu cuerda de la cometa en el área correcta?

☐ Comprueba el papel en el lado de la cometa que hace bucles ¿Está suelto, estirado o rasgado? Si es así, has un pliegue estético superponiendo el papel suelto. Pega el pliegue en su lugar con cinta adhesiva transparente.

¡ENVUÉLVELO!

1. ¿Cómo te sentiste después de tu proyecto de ministerio?

_____

2. ¿Cómo puede Dios usar tu capacidad de hacer y volar una cometa en el futuro?

_____

3. Sabemos que el viento sopla, ya que podemos ver el vuelo de cometas. Sabemos que el espíritu de Dios se mueve, porque podemos verlo trabajando en nuestras vidas. ¿Cómo Dios ha trabajado en tu vida últimamente?

_____

_____

_____   _____

Fecha   Firma del Guía

NUTRICIÓN

VERSÍCULO BÍBLICO

"'Yo soy el pan de vida', declaró Jesús. 'El que a mí viene nunca pasará hambre, y el que en mí cree nunca más volverá a tener sed.'" (Juan 6:35)

Tu estómago comienza a hacer ruido y gruñir. Miras el reloj-11: 45 a.m. Sí, es casi la hora del almuerzo.

Tu cuerpo necesita los nutrientes adecuados para crecer fuerte y estar saludable. Sin la cantidad adecuada de vitaminas y minerales, el cuerpo pierde su capacidad de funcionar correctamente y puede llegar a estar indispuesto y enfermo.

Las vidas espirituales no son diferentes. Necesitas ciertas cosas para crecer fuerte y saludable espiritualmente. Necesitas ser parte de una buena iglesia, tener un buen pastor, y encontrar adultos cristianos como modelos a seguir.

Sin embargo, la cosa más importante que puedes hacer es crecer en tu relación con Dios. Creces más cerca de Dios mediante la lectura de la Biblia y orando, regularmente. Para que puedas desarrollar, una vida espiritual saludable y fuerte, debes obtener los nutrientes espirituales. Estos sólo vienen a través de una estrecha relación con Dios.

Física

COMPASIÓN

Qué Puedes Hacer Con Esta Habilidad

El fútbol, el béisbol, el fútbol soccer, la lucha, el baloncesto - la lista sigue y sigue. Tiger Woods, Mia Hamm, Lance Armstrong, y Tim Duncan entienden la necesidad de una buena nutrición, SIN nutrición adecuada, ellos no hubiesen destacado en sus deportes, y ni siquiera sabríamos sus nombres.

Muchos de ustedes están involucrados en uno o más deportes. Con el fin de rendir al máximo, es necesario a nutrir y suministrar tu cuerpo con combustible de calidad. Participar en deportes, mientras que comes comida chatarra y comida rápida, es como tratar de encender un motor de gasolina con agua, simplemente no funcionará correctamente. Comer alimentos saludables y obtener las vitaminas y minerales necesarios da la energía para la formación y la participación en cualquier deporte que te guste.

Requisitos ✓ de Insignia

Elige cuatro de los cinco requisitos para finalizar la insignia Nutrición.

☐ Crea un tablón educativo de anuncios.
- a. Incluir información sobre diversos nutrientes y su propósito.
- b. Incluir información sobre las calorías para varios restaurantes de comida rápida.
- c. Incluir información de la pirámide de alimentos.
- d. Incluir un ejemplo de menú para una dieta nutritiva.

☐ Mantén un registro de tus hábitos alimenticios durante tres días.
- a. Incluye: comidas, aperitivos y bebidas.
- b. Haz un recuento de las calorías que comiste por cada día.
- c. Compara lo que has comido con las porciones recomendadas en la pirámide de alimentos.

☐ Usa la pirámide de alimentos como una guía, crea un menú nutritivo para una semana completa. Asegúrate de que tus calorías son apropiadas para tu edad y constitución.

☐ Que tu grupo descubridor cree un libro de cocina de nutrición.
- a. Incluir información nutricional y recuento de calorías.
- b. Encuentra o crea recetas de alimentos en al menos cinco grupos diferentes (lácteos, carne, verduras, ensaladas, postre).
- c. Incluir al menos 30 recetas.

☐ Encontrar una manera en la que puedes utilizar las habilidades y

Física

#1 Seguridad

■ **Siempre** consulta a un médico antes de participar en cualquier programa de dieta o ejercicio.

■ **Siempre** come alimentos suficientes para sostener tus necesidades de crecimiento y de energía, especialmente al hacer ejercicio o tomar parte en una actividad deportiva.

■ **Siempre** bebe agua abundante.

■ **Siempre** come alimentos sanos y evita las dietas

■ **Siempre** come una variedad de alimentos y céntrate en las frutas y verduras frescas.

PALABRAS PARA SABER

Conecta cada palabra del vocabulario de nutrición a su definición correcta. Si no estás seguro de qué definición es correcta, busca en este capítulo para obtener las respuestas correctas.

Nutrición

- Estas son necesarias para mantener una buena salud y desencadenar reacciones químicas dentro de tu cuerpo. A menudo se venden como una píldora para complementar comidas regulares.

Carbohidratos

- El estudio de cómo los alimentos afectan la salud y la supervivencia de una persona.

Proteínas

- Productos químicos en los alimentos que tu cuerpo necesita para una buena salud.

Grasa

- Los nutrientes que sirven como fuente principal de energía del cuerpo. Se encuentran en las pastas, el pan y las papas. Ellos se convierten en azúcares.

Nutrientes

- Los nutrientes que se encuentran principalmente en la carne y productos de origen animal. Ayudan a construir y reparar los tejidos del cuerpo y los músculos.

Vitaminas

- La forma más concentrada de nutrientes que dan energía. Absorben algunas vitaminas en el torrente sanguíneo.

LO BÁSICO: Sesión 1

¿Qué Es La Nutrición?

La nutrición es el estudio de cómo los alimentos afectan y dan energía al cuerpo. Tu cuerpo necesita ciertos nutrientes para ayudar a la función y luchar contra la enfermedad y la indisposición. Una nutrición adecuada significa comer los alimentos adecuados para promover la buena salud.

Nutrientes

Los nutrientes son las sustancias químicas en los alimentos que tu cuerpo utiliza para funcionar correctamente y suministrar energía a los músculos. Ayudan a construir nuevas células y reparar daños en células envejecidas. Por ejemplo, cuando levantas pesas para construir fuerza y músculo, en realidad se descompone el tejido muscular. La proteína es el nutriente que el cuerpo utiliza para reparar y reconstruir nuevas células musculares. Esto hace que el músculo sea más grande y más fuerte.

Los nutrientes proporcionan energía. La energía que se encuentra en los alimentos se llama calorías. Cuando comes alimentos, tu cuerpo convierte las calorías en energía para alimentar tus músculos y órganos. Tu cuerpo luego almacena las calorías no utilizadas en forma de grasa para usarlas en un momento posterior. Las personas que quieren perder peso deben comer menos azúcar y alimentos grasos y hacer más ejercicio con el fin de utilizar las calorías que su cuerpo ha almacenado en forma de grasa

Nutrientes	Que Hace	Donde Se Encuentra
Carbohidratos	Fuente de energía clave.	Azúcar, pan, cereales, papas
Proteínas	Proporciona cuatro calorías por cada gramo. Construir y reparar los tejidos del cuerpo.	Carne, leche, huevos, frijoles, nueces, pescado
Grasas	La forma más concentrada de energía y necesaria para la absorción de vitaminas y órgano.	Mantequilla, aceite, nueces, huevos, pescado, leche entera, la carne
Minerales: Hierro	Construye buenas células sanguíneas.	Hígado, vegetales verdes oscuros, carne
Potasio	Construye huesos y dientes fuertes.	Papas, plátano
Calcio	Ayuda a la función de las células musculares.	Leche, queso, vegetales verdes
Vitaminas: A	Esencial para la salud de los ojos, la piel y el cabello.	Vegetales verdes y amarillos
B_1	Esencial para la función apropiada de la temperatura corporal y el sistema nervioso.	Cereales y carne
B_2	Construye tejido corporal.	Hígado, leche y vegetales
C	Esencial para encías, dientes y huesos saludables.	Ffruta y papas
D	Ayuda al cuerpo a usar el calcio.	Huevos, hígado y sol

El Mapa Nutricional

Encontrar tu camino en el laberinto de la información nutricional puede ser complicado. Cada producto alimenticio lleva una etiqueta de información nutricional de alimentos y da la información que necesitas para tomar decisiones inteligentes y saludables.

Cómo Leer Una Etiqueta De Nutrición

☐ Mira el tamaño de la porción. Probablemente es más pequeña de lo que pensabas.

☐ Mira las calorías por porción. Los niños generalmente necesitan 2.500 calorías por día, mientras que las niñas necesitan 2.200 calorías por día.

☐ Mira la cantidad de hidratos de carbono, grasas y proteínas en cada porción. Los hidratos de carbono, grasas y proteínas se miden en gramos. ¿Hay demasiada grasa o sólo la suficiente? ¿Es este alimento rico en proteínas o hidratos de carbono?

☐ Mira la lista de las vitaminas. Las vitaminas estarán presentes como un porcentaje. ¿Tiene un buen aporte de vitaminas?

Información Nutricional

Tamaño de la porción: tarta 1 (128g)

Porciones por envase: 1

Calorías 480

Grasas Cal. 190

*Por ciento de los valores diarios (DV) se basan en la dieta de 2.000 calorías.

Cantidad/servir		% DV*	Cantidad/servir		% DV*
Grasa total	21g	**32%**	**Carb. totales**	70g	**23%**
Grasa Sat.	10g	**50%**	Fibra dietética	2g	**8%**
Cholesteral	20mg	**7%**	Azúcares	31g	
Sodio	460mg	**19%**	**Proteína**	3g	

Vitamina A 0% · Vitamina C 0% · Calcio 6% · Hierro 6%

¿Que Sabes?

☐ Obtén un alimento con una etiqueta de información nutricional en él.

¿Cuál es la comida? _____

¿Qué tan grande es la porción? _____

¿Cuántas calorías tiene? _____

¿Cuántos carbohidratos? _____

¿Cuánta grasa? _____

¿Cuánta proteína? _____

¿CÓMO DEBEMOS COMER? Sesión 2

Comida Rápida

"¿Qué pasa con mi Big Mac (hamburguesa gigante de McDonalds)?" preguntaste. La mayoría de los restaurantes de comida rápida ofrecen información nutricional en sus sitios Web o en sus tiendas. Descubrirás que tu Big Mac tiene más de 1.400 calorías por lo menos 500 calorías de grasa. ¡GUAUU! ¡Son casi todas las calorías recomendadas para un solo día atascadas en una sola comida! Utiliza la Internet para explorar varios sitios Web de restaurante de comida rápida. Compila una lista de alimentos comunes que comes y la cantidad de calorías que tienen. Muestra esta lista a tu guía.

La Pirámide Alimenticia

Los grupos alimenticios te ayudan a planear una dieta equilibrada. Los lácteos, frutas y verduras, grasas y carbohidratos se dividen en grupos para hacer sugerencias que sirven para cada uno. Un plan se llama la pirámide alimenticia. Sugiere el número de porciones de cada día.

Grasas y Dulces
Usar con moderation

1 porción = 2 a 3 onzas de carne, pescado, aves, 1 huevo, 1/2 taza de frijoles

Proteínas
(Frijoles Cecos, aves, pescado, carnes, huevos, nueces)
2-3 porciones

Leche, Yogurt, Queso
2-3 porciones

1 porción = 1 taza de leche o yogurt, 1 onza de queso

Vegetales
3-5 porciones

Frutas
2-4 porciones

1 porción = 1/2 taza   1 porción = 1/2 taza

Granos
(pan, arroz, cereal, pastas)
6-11 porciones

1 porción = 1 rebanada de pan, 1 onza de cereal, 1/2 taza de arroz o pasta

Tu Turno

Usando la pirámide alimenticia como guía, planifica tu menú para un día entero. Asegúrate de incluir todas las porciones necesarias y mantenerte dentro de tu ingesta de calorías recomendada.

LOS PELIGROS: Sesión 3

Una buena nutrición es necesaria para que nuestro cuerpo funcione correctamente. La desnutrición sucede cuando las personas no obtienen los nutrientes que necesitan para sobrevivir. En muchos lugares, las personas sufren de malnutrición porque hay una falta de alimentos nutritivos disponibles para ellos.

Las deficiencias de vitaminas pueden causar muchos problemas.

- ☐ La deficiencia de vitamina A causa ceguera nocturna, y puede conducir a la ceguera total.
- ☐ La deficiencia de vitamina B1 puede causar daño nervioso y enfermedades del corazón.

La cultura popular o deportes competitivos a veces empujan a la gente a hacer cosas que no son apropiadas para sus cuerpos. Algunas personas desarrollan trastornos alimenticios y algunos toman medicamentos o suplementos para mejorar su desempeño.

Los trastornos alimentarios pueden desarrollarse en hombres o mujeres. La anorexia es una forma de auto-inanición. La gente va a negarse a comer, ya que no quieren subir de peso o necesitan controlar algún área de su vida. Las personas que tienen bulimia comen mucho y luego vomitan o usan laxantes para sacar la comida de sus sistemas. Ambas condiciones son peligrosas porque niegan al cuerpo lo que necesita para sobrevivir.

Estadísticas de los Trastornos Alimentarios y la Edad

Los trastornos alimentarios afectan a muchas personas hoy en día. El deseo de ser delgada ha inflado el número de personas que luchan con trastornos de la alimentación. Aunque la mujer y las niñas tienen más probabilidades de enfrentar estas luchas, los niños y los hombres también están siendo afectados. Los trastornos alimenticios son serios.

Mirando los Números

- ☐ El 10% de las personas que sufren de trastornos alimenticios reportan que comenzaron a lidiar con estos síntomas de desorden a los 10 años de edad o más jóvenes.
- ☐ El 33% reporta que experimentaron los síntomas en las edades de 11 a 15.
- ☐ El 43% reporta síntomas de un desorden alimenticio entre los 16 y los 20 años.
- ☐ El 86% reporta desarrollo de desorden alimenticio a la edad de 20 años.
- ☐ El 0.5% de las mujeres sufren de anorexia nerviosa en su tiempo de vida.

- [ ] Del 1.1% al 4.2% de las mujeres sufren de bulimia nerviosa en su tiempo de vida.
- [ ] Del 2 al 5% de la población americana experimenta trastornos alimenticios compulsivos.

- [ ] Del 10 al 25 % de los que batallan con la anorexia morirán como resultado directo del desorden alimenticio

Fuente: El Instituto Nacional de Salud Mental, Asociación Nacional de Anorexia Nerviosa y Trastornos Asociados

Algunas personas usan suplementos dietéticos o formas de esteroides para ganar tamaño muscular o velocidad. Tener estos productos obliga al cuerpo a hacer cosas que no está listo para hacer, y pueden causar problemas de salud graves. El uso de estos productos puede causar:

- [ ] Que el corazón lata más rápido de lo habitual
- [ ] Insuficiencia renal
- [ ] Irritabilidad
- [ ] Estallidos incontrolables de ira
- [ ] Presión arterial alta
- [ ] Calvicie prematura
- [ ] Muerte

La malnutrición, ya sea por elección o por falta de una buena comida, puede ser algo peligroso. Tenemos que tener cuidado de los cuerpos que Dios nos ha dado, porque sólo tenemos uno. Si dañamos o destruimos nuestro cuerpo mediante el uso de suplementos o esteroides, o nos negamos alimentos, podemos hacer un daño permanente.

¡ENVUÉLVELO!

1. ¿Cómo te sentiste después de tu proyecto de ministerio?

_____

_____

2. ¿Cómo puede Dios usar tu capacidad de entender una nutrición adecuada en el futuro? _____

_____

_____   _____
Fecha   Firma del Guía

DEPORTES

VERSÍCULO BÍBLICO
"El corazón tranquilo da vida al cuerpo."
(Proverbios 14:30*a*)

Con todas las cosas que suceden en tu vida, es fácil olvidarte de cuidar de tu cuerpo. Los ejercicios y deportes, sin embargo, deben desempeñar un papel importante en tus actividades del día a día. Demasiadas papas fritas o demasiado tiempo en la computadora puede hacer que te sientas cansado o enfermo.

Tu actitud también juega un papel en la forma en que cuidas de tu cuerpo. Motivarte a ti mismo para mantener un estilo de vida saludable puede ser difícil. Una mala actitud o conducta antideportiva pueden dejarte frustrado con los deportes y otras actividades físicas. Proverbios 14:30 nos recuerda que una mente tranquila afecta a todo el cuerpo, alarga la vida y promueve la buena salud. Por otro lado, la ira y la envidia mantienen la mente en estado de agitación.

Recuerda, el deporte y otros juegos están diseñados para ser divertidos. A medida que trabajas hacia la realización de esta insignia, pídele a Dios que te ayude a mostrar buen espíritu deportivo y tener una fuerte motivación para cuidar de tu cuerpo.

SERVICIO

Qué Puedes Hacer Con Esta Habilidad

Los juegos son una gran manera para que puedas conocer mucha gente, animar a otros, y aceptar retos físicos y mentales. Cualquier cosa que disfrutes, escalar en roca, el fútbol, softbol o correr, o ejercicio constante te ayudará a mantener un estilo de vida saludable.

Requisitos ✓ de Insignia

Elije cuatro de los cinco requisitos siguientes para que los descubridores finalicen la insignia Deportes.

☐ Completa seis ejercicios de calentamiento.

- [ ] Intenta cada actividad en el gráfico de la tabla de la Unión Atlética Amateur.
- [ ] Desarrolla un nuevo juego, ya sea individual o en grupo.
- [ ] Pasa 25 minutos al día haciendo ejercicios aeróbicos.
- [ ] Encuentra una manera de utilizar las habilidades deportivas para ministrar a otra persona.

Plan de Alimentos

Tu cuerpo necesita un cierto número de calorías para crecer y funcionar correctamente. Las calorías provienen de los alimentos que consumes. Sin embargo, no todas las calorías son beneficiosas. Algunos alimentos que son altos en calorías no tienen los nutrientes que tu cuerpo necesita.

Las barras, refrescos y papas fritas entran en esta categoría. Echa un vistazo a la tabla a continuación para los tipos de alimentos que necesitas regularmente y los que puedes comer de vez en cuando.

Grasas y Dulces
Usar con moderation

Proteínas
(Frijoles Cecos, aves, pescado, carnes, huevos, nueces)
2-3 porciones

1 porción = 2 a 3 onzas de carne, pescado, aves, 1 huevo, 1/2 taza de frijoles

Leche, Yogurt, Queso
2-3 porciones

1 porción = 1 taza de leche o yogurt, 1 onza de queso

Vegetales
3-5 porciones

1 porción = ½ taza

Frutas
2-4 porciones

1 porción = ½ taza

Granos
(pan, arroz, cereal, pastas)
6-11 porciones
1 porción = 1 rebanada de pan, 1 onza de cereal, ½ taza de arroz o pasta

PALABRAS PARA SABER

Ejercicios de Calentamiento: Doblando, girando y girando movimientos que estiran los músculos y preparan el cuerpo para ejercicios de resistencia.

Pirámide de Alimentos: Un gráfico de nutrición que indica qué tipos de alimentos necesitas comer y cuánto de cada alimento.

Ejercicios Aeróbicos: Ejercicios que aumentan los latidos del corazón y la respiración. Estos ejercicios fortalecen el corazón y los pulmones.

Nuevos Juegos: En estos juegos, no hay un ganador o perdedor. En Nuevos juegos, los equipos juegan porque quieren divertirse.

Programa de Ejercicios: Un conjunto de ejercicios regulares terminados en una base consistente.

Deshidratación: El cuerpo pierde demasiados fluidos sin tener reemplazo.

CALENTAMIENTO: Sesión 1

Chisporretear, estallido, ¡nada!, En el invierno, algunos coches tienen dificultad en el arranque. Esto es causado principalmente por un motor frío. Incluso si un coche arranca, todavía tarda varios minutos para que trabaje de manera eficiente. Y, si se intenta conducir antes de estar listo, podría dañar el motor. Tu cuerpo es similar al coche. Si te olvidas de hacer ejercicios de calentamiento, estás en un mayor riesgo de lesión. Los ejercicios de calentamiento aumentan la temperatura corporal, la flexibilidad y el flujo sanguíneo. Se asegura de que tu cuerpo va a funcionar bien. Los ejercicios de calentamiento incluyen doblar, girar y torcer, movimientos que ayudan a estirar tus músculos. Estos ejercicios también preparan tus huesos y articulaciones para un mayor impacto. Aquí hay algunos ejercicios sencillos para que los pruebes.

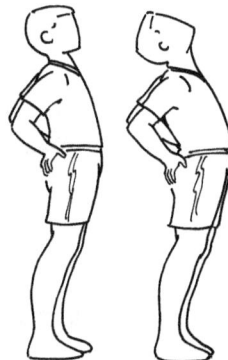

Flexión de Cuello/Estiramiento de Extensión (adelante, luego hacia atrás)

Estiramiento del Tríceps

Estiramiento de la Espina Dorsal

Estiramiento de la Extensión Lumbar y Abdominal

Estiramiento de Cadera y Espalda

Estiramiento de Cuadriceps - Paso Uno

Estiramiento de Cuadriceps - Paso Dos
(tobillo agarrar y tirar suavemente)

Estiramiento de los ligamentos II
(apunta los dedos del pie hasta el techo)

Nota: Nunca rebote durante un estiramiento.
Puede dañar los ligamentos y tirar de los músculos.

106

¡PONTE EN FORMA! Sesión 2

Los ejercicios aeróbicos aceleran los latidos del corazón y aumentan la fuerza de tu corazón y pulmones. Utiliza la siguiente tabla para comprobar tu nivel de aptitud física. Desafíate a ti mismo para satisfacer las necesidades medias de cada categoría. Graba tu nivel de condición física en el gráfico a continuación.

Programa de Acondicionamiento Físico*

Eventos		Nivel de Desempeño	Edad 10	11	12
Cuclillas-Abdominales (tiempo límite: 1 minuto)	Chicos	Promedio	36	38	40
		Extraordinario	45	48	49
	Chicas	Promedio	32	33	35
		Extraordinario	40	42	43
Lagartijas (el tiempo y la posición puede ser en segundos y décimas)	Chicos	Promedio	21.0	23.4	28.5
		Extraordinario	47.0	50.5	53.0
	Chicas (regular)	Promedio	18.0	18.0	19.0
		Extraordinario	35.2	35.2	38.0
	Chicas (30 segundos modificados)	Promedio	21	21	21
		Extraordinario	27	28	28
Salto Largo Sin Carrera (pies y pulgadas)	Chicos	Promedio	4'11"	5'1"	5'4"
		Extraordinario	5'6"	5'9"	6'1"
	Chicas	Promedio	4'4"	4'8"	4'11"
		Extraordinario	5'0"	5'3"	5'6"
Carrera de Resistencia (minutos y segundos)			¾	¾	1 mi.
	Chicos	Promedio	6:48	6:42	8:42
		Extraordinario	5:15	5:00	6:42
	Chicas	Promedio	7:36	7:30	10:18
		Extraordinario	6:00	5:54	8:18

*Del programa de la Unión Atlética Amateur de Estados Unidos

El gráfico anterior muestra las pautas de aptitud física. Practica cada uno de estos eventos. Trata de llegar a la tasa promedio de tu grupo de edad. La puntuación media es el número que puede hacer el niño o niña promedio de tu edad. Puedes hacer menos, o puedes hacer más.

¡JUEGOS! Sesión 3

Los juegos sacan lo mejor o lo peor de ti. A veces permites que la presión por ganar eclipse la diversión que debes tener. Nuevos Juegos está diseñado para ser muy divertido, pero se centra más en la capacidad del grupo para completar una tarea. En Nuevos Juegos ninguna persona es nombrada el ganador. En su lugar, los jugadores tienen diferentes roles y trabajan juntos para completar una tarea.

La Gota es un ejemplo de un nuevo juego. En La Gota, una persona es "eso." La responsabilidad de esa persona es etiquetar a las otras personas jugando el juego. Cuando haya etiquetado con éxito una persona, él o ella tiene la mano de esa persona y se convierten en La Gota. Luego, sin soltarse, los dos jugadores deben intentar etiquetar a alguien más y aumentar el tamaño de la gota. Una vez que todos se han convertido en una parte de La Gota, el juego ha terminado. Juega a este juego con el fin de comprender mejor Nuevos juegos.

Crea Un Nuevo Juego

Utiliza las siguientes directrices al crear un nuevo juego.

☐ En un nuevo juego, nadie puede estar "fuera" del juego. Sin embargo, una persona puede tener un papel diferente o transferirse a un equipo diferente.

☐ Un nuevo juego se centra en el trabajo en equipo.

☐ No hay "perdedores" en un nuevo juego.

☐ En un nuevo juego, la diversión es la clave del éxito, no ganar.

Coloca las instrucciones para tu nuevo juego en el espacio a continuación:

Nombre de tu juego: _____

¿Cuántas personas pueden jugar?:_____

¿Qué necesitas para jugar a este juego? Ejemplos de ello serían las bolas Nerf, conos anaranjados, o globos de agua. Asegúrate de escribir la cantidad de cada artículo que vas a necesitar.

1._____

2._____

3._____

4. _____

5._____

¿Cuáles son los diferentes roles de la gente que va a jugar?:

_____

_____

_____

_____

¿Cuáles son las reglas para el juego?

1. _____

2. _____

3. _____

4. _____

5. _____

6. _____

¿Qué tipo de área de juego se requiere? (En interior, exterior, superficie cubierta de hierba, superficie plana, etc.)_____

_____

_____

Haz un dibujo de la zona de juego:

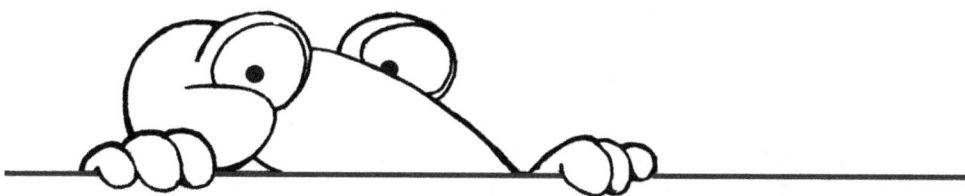

¡ENVUÉLVELO!

1. ¿Por qué es importante hacer ejercicios de calentamiento?

   _____

   _____

2. ¿Qué fue lo más difícil para ti de hacer en el gráfico de aptitud de la Unión Atlética Amateur?

   _____

   _____

   _____

3. ¿Qué te dijo Proverbios 14: 30a acerca de tu salud?

   _____

_____   _____
Fecha   Firma del Guía

111

ESTUDIO BÍBLICO

VERSÍCULO BÍBLICO
"He guardado tus palabras en mi corazón para no pecar contra ti." (Salmo 119:11)

A veces es difícil ser un buen amigo. Ser un amigo necesita práctica, paciencia, voluntad de perdonar, y un deseo de escuchar. Por desgracia, la gente a quien puedes considerar un amigo no puede actuar siempre como un amigo. ¿Alguna vez has tratado de decirle a uno de tus amigos algo importante, pero sentías como que no estaban escuchándote? Un verdadero amigo te escucha y entiende lo que dices.

Dios es un gran amigo que te escucha. Cuando tienes una relación con Dios, tienes que escucharle también. Una de las maneras en las que puedes escuchar a Dios es a través del estudio de su Palabra, la Biblia.

SERVICIO

Qué Puedes Hacer Con Esta Habilidad

Al leer y estudiar la Biblia regularmente, serás capaz de entenderla mejor. Cuando entiendas mejor la Biblia, puedes saber más acerca de Dios y cómo obedecerle. También puedes ayudar a otros a entender la Biblia.

ESPIRITUAL

Requisitos ✓ de Insignia

Elije cuatro de los cinco requisitos siguientes para la finalización de la insignia Estudio Bíblico.

☐ Identifica diferentes herramientas utilizadas para estudiar la Biblia.

☐ Nombra y describe los tres métodos de estudio Bíblico que se indican en el Estudiante Descubridor.

☐ Crea un diario diseñado específicamente para estudiar la Biblia.

☐ Lee y estudia la Biblia todos los días durante una semana.

☐ Encuentra una manera en la que puedas utilizar las habilidades de estudio bíblico en un proyecto de ministerio.

PALABRAS PARA SABER

Estas son algunas de las palabras que te ayudarán a aprender acerca del estudio de la Biblia:

- ☐ Atlas Bíblico
- ☐ Diccionario Bíblico
- ☐ Enciclopedia Bíblica
- ☐ Comentario
- ☐ Concordancia
- ☐ Traducción

Úselos para completar el crucigrama.

Vea las páginas 114-115 para definiciones de palabras.

A Través

3. Explica lo que la Biblia significa
5. Tiene mapas de lugares en la Biblia

Abajo

1. La Biblia puesta en un idioma que otros puedan entender
2. Lista de palabras en la Biblia
4. Proporciona información detallada acerca de las cosas en la Biblia
6. Da pronunciación y significado de las palabras de la Biblia

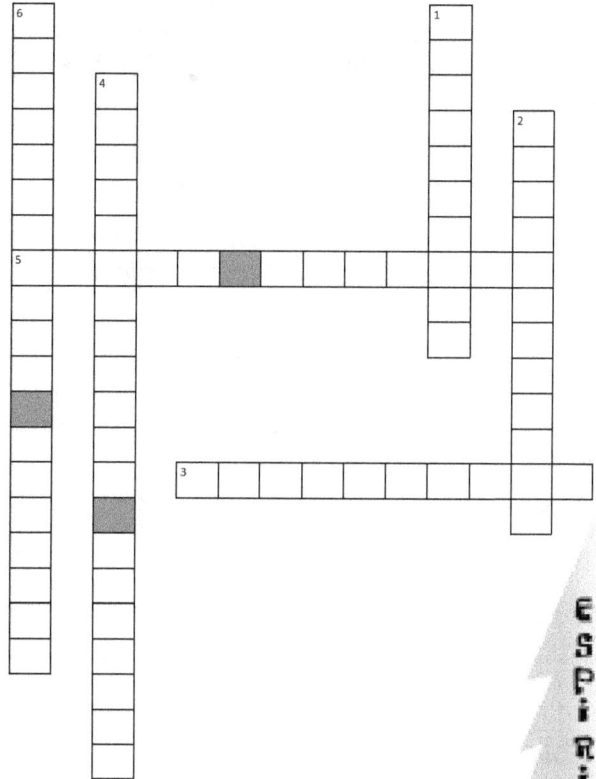

Espiritual

113

CONSIGUE TUS HERRAMIENTAS: Sesión 1

Antes de indagar y estudiar la Biblia, necesitas algunas herramientas. Esto es lo que necesitas:

Traducción: La Biblia fue traducida al inglés y otros idiomas para que las personas de la actualidad la entendieran. El Antiguo Testamento fue escrito originalmente en hebreo y arameo, mientras que el Nuevo Testamento fue escrito en griego y arameo. Estas son algunas de las traducciones populares de la Biblia:

- [ ] *Nueva Versión Internacional*
- [ ] *Versión Reina Valera*
- [ ] *Nueva Traduccion Viviente*
- [ ] *Nueva Versión Internacional*
- [ ] *La Palabra*

Selecciona un versículo de la Biblia. Luego, busca tu versículo seleccionado en al menos tres de las traducciones. Escribe las tres traducciones abajo.

Biblia: _____

Traducción del Versículo:

_____

_____

_____

Biblia: _____

Traducción del Versículo:

_____

_____

_____

Biblia: _____

Traducción del Versículo:

_____

_____

_____

Concordancia: Una lista de palabras en la Biblia con referencias de donde se encuentran las palabras. La Concordancia se encuentra generalmente en la parte posterior de la Biblia.

Comentario: Un libro que explica el significado de la Biblia, quien escribió los libros, dónde, cuándo y por qué fueron escritos y el significado de varias palabras. Muchas Biblia de Estudio contienen este tipo de información en las notas de la parte inferior o en los lados de las páginas.

Diccionario Bíblico: Un libro que te ayuda a pronunciar las palabras y explica las costumbres en los tiempos bíblicos, y la información geográfica.

Enciclopedia Bíblica: Este libro da una información similar a un diccionario Bíblico pero da más detalles sobre cada hecho.

Atlas Bíblico: Una colección de mapas que muestran, en tiempo y países, donde estaban ubicadas las ciudades de la Biblia.

Un cuaderno y bolígrafo/lápiz: Tomar notas es una buena manera de recordar lo que aprendiste de tu estudio Bíblico.

Ahora que tienes tus herramientas, ya estás casi listo para indagar y estudiar la Biblia. Pero antes de empezar, tómate unos minutos para orar. Pídele a Dios que te ayude a entender lo que dice la Biblia. Pídele que hable contigo al estudiar Su Palabra.

¡OBTÉN LA EXCAVACIÓN! Sesión 2

Hay más en la Biblia de que lo que se ve en las páginas. Algunas palabras pueden significar cosas diferentes ahora y significar otra en el pasado. Las costumbres de algunos países explican por qué las personas actúan de cierta manera. Aquí hay algunas cosas que pensar cuando estás estudiando la Biblia:

Excavando

☐ **¿Quién escribió este libro?** _____

☐ **¿Cuál es el libro?**

_____

_____

_____

☐ ¿Cuando se escribió? ¿Dónde fue escrito?

_____

☐ ¿Por qué fue escrito el libro?

_____

_____

☐ ¿Qué dice este libro acerca de Dios?

_____

_____

☐ ¿Qué quiere decir Dios a la gente a través de estos versículos?

_____

_____

Utiliza tus herramientas de estudio bíblico para responder a estas preguntas.

Hay tres métodos de estudio de la Biblia:

Estudio de las Palabras

¿Por Qué Debería Hacerlo? Puedes averiguar lo que significa una palabra y las diferentes formas en que la palabra se usa en la Biblia.

¿Cómo Lo Hago?

1. Elige una palabra en la Biblia.
2. Escribe la palabra en la parte superior de la página en tu cuaderno.
3. Busca la palabra en un diccionario bíblico o una enciclopedia. Escribe la información que deseas recordar.
4. Busca la palabra en la concordancia. Lee los versículos que contienen la palabra, y escribe las referencias e información acerca de la palabra en tu cuaderno.

Estudio del Libro

¿Por Qué Debería Hacerlo? Puedes encontrar más información acerca de un libro específico en la Biblia, quien lo escribió, cuando fue escrito, a quien se le escribió y de que trata el libro.

¿Cómo Lo Hago?

1. Escribe el nombre del libro en la parte superior de la página en tu cuaderno.

2. Utiliza un comentario para contestar las siguientes preguntas y escribe la información en tu cuaderno.

   a. ¿Quién escribió el libro?

   b. ¿Cuándo y dónde fue escrito el libro?

   c. ¿A quién se le escribió el libro?

3. Lee los versículos de un capítulo y has lo siguiente:

   a. Busca información sobre cualquier palabra que no conozcas

   b. Utiliza el atlas bíblico para buscar ciudades, ríos, mares y otros lugares mencionados.

   c. Pregunta: "¿ De que trata este libro?

   d. Pregunta: "¿Qué quiere Dios que yo aprenda de estos versículos?"

Personaje (Persona) Estudio

Por qué debería hacerlo? Puedes encontrar más información acerca de una persona bíblica.

¿Cómo lo hago?

1. Elige a una persona en la Biblia de la que te gustaría saber más. Escribe su nombre en la parte superior de la página en tu cuaderno.

2. Busca el nombre de la persona en un diccionario bíblico o enciclopedia. Escribe la información en tu cuaderno.

3. Busca el nombre de la persona en una concordancia. Lee todas las historias de la Biblia que hablan sobre esa persona. ¿Qué hizo y dijo la persona?

117

¡QUE SEA UN HÁBITO! Sesión 3

Cuanto más estudies la Biblia, más fácil será. ¡Así que conviértelo en un hábito! Puedes estudiar la Biblia por tu cuenta o con amigos. Comienza con un Plan de Estudio y Lectura de un periodo de cuatro semanas, ya sea en casa o con tu grupo Descubridor.

¿Cómo lo hago?

1. Lee la Biblia durante al menos cinco minutos cada día. Lista la referencia y el día que lo lees en tu cuaderno de estudio bíblico.

2. Una vez por semana, utiliza al menos uno de los métodos de estudio de la Biblia. Escribe el método que utilizaste, la referencia de las Escrituras, y lo que aprendiste en tu cuaderno.

3. Si hiciste el estudio bíblico en tu casa, muestra tu cuaderno completo a tu guía.

Aquí hay una tabla para ayudarte a mantener un registro de tu lectura y estudio bíblico:

Semana	Dom.	Lun.	Mar.	Mié.	Jue.	Vie.	Sáb.	Método de Estudio
1								
2								
3								
4								

¡ENVUÉLVELO!

1. ¿Fue fácil estudiar la Biblia? ¿Por qué o por qué no?

_____

_____

_____

2. ¿Cómo puedes utilizar técnicas de estudio de la Biblia para ayudar a otros?

_____

_____

_____

_____

3. ¿De qué manera esta habilidad te ayuda a servir a Dios?

_____

_____

_____

4. ¿Cuál fue la parte más agradable de tu proyecto de ministerio?

_____

_____

_____

_____   _____

Fecha   Firma del Guía

119

VERSÍCULO BÍBLICO

"… y fue a vivir en un pueblo llamado Nazaret. Con esto se cumplió lo dicho por los profetas: 'Lo llamaran Nazareno'." (Mateo 2:23)

A lo largo de la historia, algunas personas han dicho que es imposible vivir una vida que agrade a Dios. Estas personas no creen que una persona pueda vivir una vida santa. Reconozco que todos cometemos errores, pero Jesús dijo a sus seguidores en Mateo 5:48 "ser perfectos como vuestro Padre celestial es perfecto." ¡¿Perfecto?! ¡Nunca puedo ser perfecto!

Para entender lo que Jesús dijo, tenemos que entender lo que quiso decir por "perfecto." La comprensión de la perfección de Jesús, no significaba que algo estaba sin defecto o error, sino era completo, maduro, y para su propósito. Puedes ser perfecto. Puedes ser exactamente lo que Dios tiene en mente para que seas. Puedes vivir una vida que agrade a Dios obedeciendo sus mandamientos y viviendo como Dios quiere que vivas.

COMPASIÓN

Espiritual

Qué Puedes Hacer Con Esta Habilidad

La historia es la mejor maestra de todos. Para saber hacia dónde vamos, tenemos que saber de dónde venimos. Al estudiar la historia de la Iglesia del Nazareno, entenderás mejor a donde va la iglesia en el futuro.

Requisitos ✓ de Insignia

Elije cuatro de los cinco requisitos para finalizar la insignia Historia de la Iglesia: Iglesia del Nazareno.

☐ Describe quién era John Wesley y su impacto en la Iglesia del Nazareno.

☐ Nombra los tres grupos principales que formaron la Iglesia del Nazareno y la fecha en que se unieron.

- [ ] Nombra los primeros tres superintendentes generales y di una cosa de cada uno.
- [ ] Crea una historia de tu iglesia local. Asegúrate de incluir lo siguiente:
    - a. Una lista de todos los pastores y de los años que sirvieron
    - b. Fotos históricas de la iglesia.
    - c. Utiliza la búsqueda de la Iglesia del Nazareno en el sitio web para localizar un gráfico de la historia de la asistencia de tu iglesia.
    - d. Crea un sistema de conservación de esta información histórica para las generaciones futuras.
- [ ] Encuentra una manera en la que puedas utilizar el conocimiento que has aprendido acerca de la Iglesia del Nazareno para ministrar a otros.

PALABRAS PARA SABER

Relaciona cada palabra o fecha con su definición.

Phineas F. Bresee	En este lugar el 13 de Octubre de 1908, la Iglesia Santidad de Cristo se unió a la Iglesia del Nazareno Pentecostal.
1919	Este es el líder elegido más alto en la Iglesia del Nazareno.
Pilot Point, Texas	Él es el fundador de la Iglesia del Nazareno en California.
Kansas City	Esto es cuando el nombre de la iglesia cambió de Iglesia Pentecostal del Nazareno a Iglesia del Nazareno.
Superintendente General	Esta es la posición actual sede internacional de la Iglesia del Nazareno y la Editorial Nazareno.

E s p i r i t u a l

EN EL PRINCIPIO . . . : Sesión 1

Las raíces históricas de la Iglesia del Nazareno comenzaron en realidad en el 1700 con un hombre llamado John Wesley. John Wesley nació en Inglaterra en 1703 en una familia muy pobre. Su hermano Charles Wesley escribió varios de los himnos que cantas en el himnario.

Después de mucha oración y estudio bíblico, John Wesley se dio cuenta de que Dios quería perdonar a la gente de sus pecados y cambiar de manera tan dramática que ya no querían pecar. En su lugar, ellos amaban a Dios con todo su corazón, alma, mente y fuerza, y amaban a su prójimo como a sí mismos. El amor fue la principal idea. Dios quería llenar a sus seguidores con su amor.

Con el tiempo, los que habían oído al señor Wesley y siguieron sus enseñanzas fundaron la Iglesia Metodista. Sin embargo, por la década de 1800, muchos miembros de la iglesia ya no creían que una persona podría vivir completamente de la forma en que Dios quería que vivieran. No creían que una persona podría vivir una vida santa, ni amar a la manera en que John Wesley dijo que deberían.

Hubo, sin embargo, cristianos que creían que después de que una persona era salva, tenía que dejar que el Espíritu Santo se llevara la tendencia a pecar. Entonces estos cristianos pueden vivir de la manera que Dios quiere que vivan. Estas personas comenzaron a reunirse en los hogares. A medida que crecían en número, comenzaron a formar iglesias. Con el tiempo estos grupos se enteraron de otras iglesias y se unieron para fortalecerse y animarse unos a otros.

Estos grupos de iglesias se conocieron como asociaciones de santidad. Tres de las más fuertes eran: La Asociación de Iglesias Pentecostales de América en Oriente, liderados por H. F. Reynolds, la Iglesia del Nazareno en Occidente, liderado por P. F. Bresee, y la Iglesia de Santidad de Cristo en el Sur, liderado por C. B. Jernigan y R. L. Harris. A medida que sus líderes oraban y planificaban, descubrieron que tenían creencias similares.

NUESTRA IGLESIA

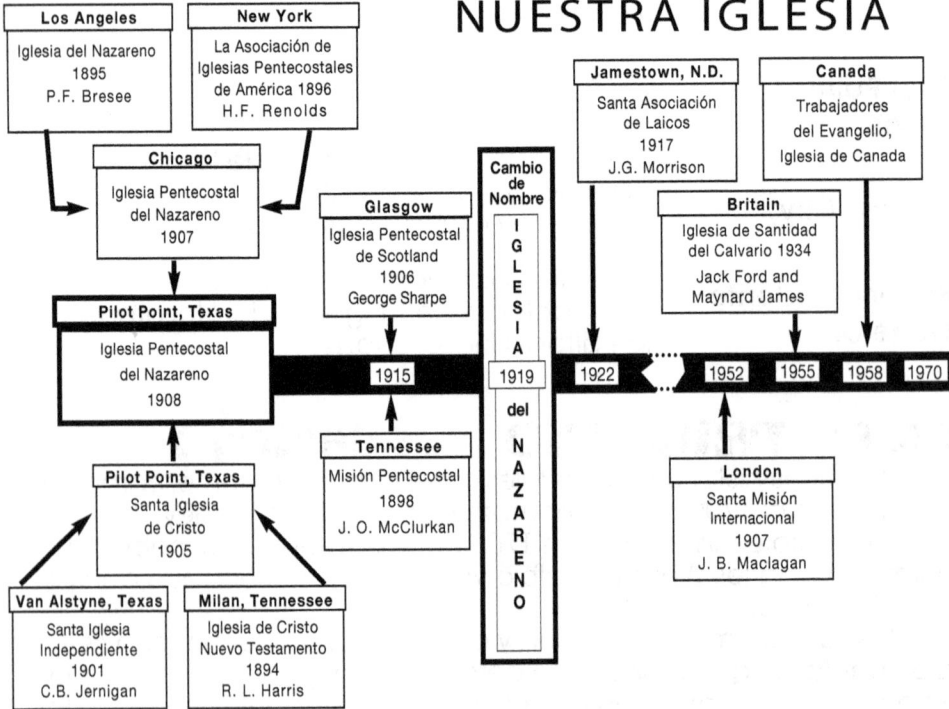

Los Angeles
Iglesia del Nazareno
1895
P.F. Bresee

New York
La Asociación de Iglesias Pentecostales de América 1896
H.F. Renolds

Jamestown, N.D.
Santa Asociación de Laicos
1917
J.G. Morrison

Canada
Trabajadores del Evangelio, Iglesia de Canada

Chicago
Iglesia Pentecostal del Nazareno
1907

Glasgow
Iglesia Pentecostal de Scotland
1906
George Sharpe

Cambio de Nombre

Britain
Iglesia de Santidad del Calvario 1934
Jack Ford and Maynard James

Pilot Point, Texas
Iglesia Pentecostal del Nazareno
1908

IGLESIA del NAZARENO

1915 | 1919 | 1922 | 1952 | 1955 | 1958 | 1970

Pilot Point, Texas
Santa Iglesia de Cristo
1905

Tennessee
Misión Pentecostal
1898
J. O. McClurkan

London
Santa Misión Internacional
1907
J. B. Maclagan

Van Alstyne, Texas
Santa Iglesia Independiente
1901
C.B. Jernigan

Milan, Tennessee
Iglesia de Cristo Nuevo Testamento
1894
R. L. Harris

La Unión de las Iglesias

La Asociación de Iglesias Pentecostales de América y la Iglesia del Nazareno se unieron el 10 de octubre 1907 y se llamaban a sí mismos la Iglesia Pentecostal del Nazareno. El año siguiente en Punto Piloto, Texas, la Iglesia de Santidad de Cristo se unió a la recién formada Iglesia Pentecostal del Nazareno el 13 de octubre, 1908 en 10:40 a.m. La nueva denominación mantuvo ese nombre hasta 1919, cuando cayó la palabra pentecostal y se convirtió en el Iglesia del Nazareno.

Desde 1908 muchos otros grupos se han unido a la Iglesia del Nazareno, y muchas iglesias se han iniciado. El cuadro de página 122 muestra algunos de los principales grupos, cuando se unieron, y sus líderes.

Mirando Hacia Adelante

La Iglesia del Nazareno ha seguido creciendo. A partir de 2004, hay más de 1,5 millones de miembros en todo el mundo en más de 13,000 iglesias, con más de 12.000 pastores. Desde el comienzo de la Iglesia del Nazareno, han sido una prioridad las misiones mundiales. Hoy la Iglesia del Nazareno es una iglesia internacional con más de 730 misioneros en más de 145 países diferentes. La Iglesia del Nazareno está creciendo en todo el mundo, y Dios continúa bendiciendo la denominación.

¿Por Qué Nuestra Iglesia Es Llamada La Iglesia Del Nazareno?

El nombre de la Iglesia del Nazareno fue inspirado por las palabras de Mateo 2:23. Joseph P. Widney sugirió el nombre después de mucha oración y reflexión. Quería que la nueva denominación representara a Jesucristo, su verdadero líder. Jesús creció en la ciudad de Nazaret, por lo que fue llamado Nazareno. El nombre de "Iglesia del Nazareno" simboliza que la denominación pertenece a Jesucristo. Por eso decimos: "Iglesia del Nazareno" en lugar de "la Iglesia Nazarena."

LLÉVAME CON TU LÍDER: Sesión 2

Toda organización necesita buenos líderes. Jesús invirtió su vida en la preparación de 12 hombres que se hicieron cargo de su trabajo después de que regresara al cielo. A lo largo de la historia de la Iglesia del Nazareno, ha habido muchos pastores y laicos que han dado liderazgo a la iglesia. Estos hombres y mujeres ayudaron a la iglesia a encontrar y seguir la dirección de Dios.

El más alto cargo electo de liderazgo en la Iglesia del Nazareno es un superintendente general. Los superintendentes generales son elegidos en la Asamblea General que se celebra cada cuatro años para decidir los negocios de toda la denominación. Los Delegados electos de todo el mundo asisten a la Asamblea General y establecen políticas y procedimientos para la iglesia.

Cuando la Iglesia del Nazareno se unió en Punto Piloto, Texas, en 1908, fueron elegidos tres superintendentes generales. Ellos fueron el Dr. Phineas F. Bresee de Occidente, Dr. H.F. Reynolds del este, y el Dr. E. P. Ellyson del Sur.

Dr. Phineas F. Bresee

El Dr. Bresee fue ministro en la Iglesia Metodista Episcopal durante más de 35 años. Él creía que cuando una persona acepta a Jesús como su Salvador, su estilo de vida y las actitudes cambiarían. El Dr. Bresee también creía que la iglesia debía ser un lugar donde los pobres y heridos podrían recibir consuelo y ayuda.

El Dr. Bresee dejó la Iglesia Metodista para ayudar a otros a comenzar una iglesia para los pobres. En 1895, el Dr. Bresee y otras 135 personas iniciaron la Primera Iglesia del Nazareno en Los Ángeles, California.

El Dr. Bresee sirvió como superintendente general hasta su muerte el 13 de noviembre 1915.

Dr. Hiram F. Reynolds

El Dr. Reynolds era un apasionado de las misiones. Rápidamente se hizo conocido como "Señor Misionero Mundial "porque él predicó acerca de las misiones, oraba por las misiones, promovía misiones, y recaudaba dinero para las misiones.

En 1914, el Dr. Reynolds salió de San Francisco para visitar a todos los misioneros en la Iglesia del Nazareno. El viaje duró más de un año porque el viaje era muy lento. Visitó Japón, China, India y África. El fuerte énfasis en las misiones en la Iglesia del Nazareno, se debe en gran parte a los esfuerzos incansables del Dr. Hiram F. Reynolds.

Dr. E. P. Ellyson

El Dr. Ellyson quería que todas las personas recibieran una educación de calidad en un ambiente cristiano. Él quería que todos tuvieran material educativo de calidad y buenos profesores para ayudarles a aprender más acerca de Dios. Fundó la Escuela de Formación de Trabajadores Cristianos y fue presidente del Colegio Peniel, Colegio Pasadena, Colegio Olivet y Colegio Bresee.

En 1923 la Iglesia del Nazareno pidió al Dr. Ellyson que se convirtiera en el director de publicaciones de la escuela de la iglesia. Eventualmente este departamento se conoció como Ministerios de Escuela Dominical y el Ministerios de los Niños es parte de este departamento.

Hoy hay seis superintendentes generales que guían el trabajo y la dirección de la denominación. Aquí está una lista de las personas que han sido superintendentes generales y las fechas en que servían. Añade la letra e en cada espacio en blanco para completar los nombres.

124

Hoy hay seis superintendentes generales que guían el trabajo y la dirección de la denominación. Aquí está una lista de las personas que han sido superintendentes generales y las fechas en que servían. Añade la letra e en cada espacio en blanco para completar los nombres.

Phin___as F. Br___s___ ___
(1907-1915)*

Hiram F. R___ynolds (1907-1932)

___dgar P. ___llyson (1908-1911)

___dward F. Walk___r (1911-1918)*

William C. Wilson (1915)*

John W. Goodwin (1916-1940)

Roy T. Williams (1916-1946)*

Jam___s B. Chapman (1928-1948)*

Jos___ph Grant Morrison
(1936-1939)*

Howard Vass___r Mill___r
(1940-1948)*

Orval J. N___as___
(1940-1944; 1948-1950)*

Hardy C. Pow___rs (1944-1968)

Gid___on Brooks Williamson
(1946-1968)

Samu___l Young (1948-1972)

Dani___l I. Vand___rpool
(1949-1964)

Hugh C. B___nn___r (1952-1968)

V. H. L___wis (1960-1985)

G___org___ Coult___r (1964-1980)

___dward Lawlor (1968-1976)

___ug___n___ L. Stow___ (1968-1993)

Orvill___ J___nkins (1968-1985)

Charl___s H. Strickland
(1972-1988)*

William M. Gr___athous___
(1976-1989)

J___rald D. Johnson (1980-1997)

John A. Knight (1985-2001)

Raymond W. Hurn (1985-1993)

William J. Princ___ (1989-2001)

Donald D. Ow___ns (1989-1997)

Jam___s H. Di___hl (1993-2009)

Paul G. Cunningham
(1993-2009)

J___rry Port___r (1997-2017)

Jim Bond (1997-2005)

W. Talmadg___ Johnson
(2001-2005)

J___ss___ Midd___ndorf (2001-2013)

Nina Gunt___r (2005-2009)

J. K. Warrick (2005-2017)

___ug___nio R. Duart___ (2009 -)

David W. Grav___s (2009 -)

David A. Busic (2013 -)

Gustavo A. Crock___r (2013 -)

Filimao M. Chambo (2017 -)

Carla D. Sunb___rg (2017 -)

125

* Murió en el cargo

¿Quién está liderando ahora?

Usando una conexión a Internet, ve a www.nazarene.org y aprende más acerca de la Iglesia del Nazareno. Escribe los nombres de los actuales superintendentes generales de la Iglesia del Nazareno y cuando fueron elegidos.

_____

_____

_____

_____

_____

_____

EXPLORANDO TU IGLESIA: Sesión 3

Tu iglesia existe porque alguien dio los pasos para iniciarla. Tu iglesia local tiene su propia historia. A menos que seas de nuevo comienzo en la iglesia, tu pastor, maestro de la Escuela Dominical, y pastor de niños no pueden ser los primeros en hacer esos trabajos. Completa los nombres de las personas con los siguientes cargos en tu iglesia, los anteriores y los actuales:

Pastor _____,

_____

Secretaria de la Junta de la Iglesia _____,

_____

Tesorero _____,

_____

Pastor de Niños o Director de Ministerios de Niños

_____,

_____

Líder de Adoración _____,

_____

Profesor de Escuela Dominical _____,

_____

¡Tu turno!

La historia de mañana empieza hoy, y depende de ti. Tienes la oportunidad de ser parte de la cara cambiante de la Iglesia del Nazareno. Podrías ser misionero mañana, pastor, consejero, director, ujier, maestro de la escuela dominical, director del coro, o incluso superintendente general. No todo el mundo está llamado por Dios al ministerio a tiempo completo, pero cada uno tiene un papel en la iglesia. Pregúntale a Dios cómo puedes ser un parte de lo que Él está haciendo en tu iglesia. ¿Quién sabe? Dios te puede llamar al servicio de tiempo completo en la iglesia.

¡ENVUÉLVELO!

1. ¿Cómo te sentiste después de tu proyecto de ministerio?

   _____

   _____

   _____

2. ¿Cómo puede Dios usar tu conocimiento de la historia de la Iglesia del Nazareno para ayudar a otros?

   _____

   _____

   _____

3. ¿Qué dones espirituales o talentos tienes que Dios podría usar en un ministerio?

   _____

   _____

   _____

4. ¿Qué papel puedes jugar en el ministerio de la iglesia en el futuro? ¿Estás dispuesto a hacer lo que Dios te pide que hagas?

   _____

   _____

_____   _____

Fecha   Firma del Guía

MISIONES

VERSÍCULO BÍBLICO

"Por tanto, vayan y hagan discípulos de todas las naciones, bautizándolos en el nombre del Padre y del Hijo y del Espíritu Santo, y enseñándoles a obedecer en todo lo que les he mandado a ustedes. Y les aseguro que estaré con ustedes siempre, hasta el fin del mundo." (Mateo 28:19-20)

¿Alguna vez has pensado en como sería vivir en otro país? Tendrías que dejar la comodidad de tu casa, comer diferentes alimentos, y aprender un nuevo idioma. Cada día los misioneros aceptan este mismo desafío. Lo hacen porque sienten una responsabilidad única por contarles a otros acerca de Dios. Y, Dios ha dado a los misioneros dones y habilidades para trabajar en una cultura diferente.

Todo el mundo no es llamado al servicio misionero de tiempo completo; Sin embargo, todos los cristianos pueden participar en misiones en algún nivel. A medida que trabajas hacia la realización de la placa Misiones, considera las siguientes preguntas. ¿Cómo puedo ser parte de las misiones? ¿Cómo puedo cumplir con el mandamiento de Dios en Mateo 28? ¿Me pide Dios que sea un misionero de tiempo completo?

COMPASIÓN

Espiritual

Qué Puedes Hacer Con Esta Habilidad

Aprender acerca de los misioneros y cómo trabajan en otras culturas te abrirá los ojos a un mundo más grande que tu vecindario, pueblo o ciudad. Las habilidades que aprendes de esta placa te permitirán participar en diversas actividades basadas en la misión.

128

Requisitos ✓ de Insignia

Elije cuatro de los cinco requisitos para finalizar la insignia Misiones.

☐ Cuenta que significa ser un misionero y lo que hacen los misioneros.

☐ Nombra al menos tres maneras en que los misioneros cuentan con tu apoyo. Nombra algunas formas específicas en que los descubridores pueden apoyar a las Misiones Nazarenas y a los misioneros.

☐ Crea un tablón de anuncios que muestre las diferentes áreas del mundo donde los misioneros están actualmente sirviendo.

☐ Participa en una feria de cultura.

☐ Planea una manera de usar la información de Misiones para ministrar a otros.

¿Qué Hacen Los Misioneros En El Mundo?

¿Qué hacen los misioneros? ¿Alguna vez has pensado en ello? Muchas veces, cuando pensamos en los misioneros que van a una tierra lejana, pensamos en la selva, animales salvajes, y rituales tribales. Pero este no es siempre el caso. A veces los misioneros son enviados a los países que se lucen como el barrio o ciudad donde vives. Los misioneros tienen todo tipo de habilidades e intereses, y pueden usar sus talentos de muchas maneras. Aquí está una lista de algunas de las cosas que los misioneros hacen:

▼ Enfermera

▼ Médico

▼ Predicador

▼ Maestros (secular)

▼ Maestros (instituto bíblico)

▼ Plantador de Iglesia

▼ Evangelista

▼ Promotor de Salud

▼ Comunicaciones - Radio, TV

▼ Editores

▼ Traductores

▼ Fotógrafo/Especialista de Media

▼ Socorro al Sufrimiento Humano

129

¿Quien es Quien?

Una forma en la que puedes encontrar información sobre lo que los misioneros hacen es buscar en la página Misión Mundial de la Iglesia del Nazareno, o en la Revista Conexión de Misión y Santidad Hoy. Enumera los nombres de algunos misioneros y sus asignaciones en el espacio de abajo.

Nombre del Misionero	Asignación

PALABRAS PARA SABER

Misionero: Un misionero es alguien llamado por Dios y enviado por la iglesia para enseñar y / o predicar el evangelio a personas de otra cultura.

Cultura: La forma de vida, ideas, costumbres y tradiciones de un grupo de personas.

Choque de Cultura: Cuando una persona se coloca en una cultura diferente y se siente deprimido, confundido, y no está seguro.

Departamento de Misión Mundial: Departamento en la Iglesia del Nazareno que planea la estrategia de la misión, distribuye los fondos de Misión Mundial, y proporciona servicios de apoyo que permiten a los misioneros concentrarse en sus tareas en áreas del mundo.

Fondo Nazareno de Hambre y Desastres: Este fondo ayuda a comprar comida para gente hambrienta. También proporciona ayuda de emergencia después de desastres naturales, como huracanes, tornados y terremotos.

VISIÓN GLOBAL: Sesión 1

Con el amplio uso de la Internet, los dos mundos que Cristóbal Colón juntó en 1492 parecen mucho más cerca en el siglo 21. Puedes viajar a través de los Alpes, hacer un safari en África, o conocer gente en Madagascar con un simple clic con el Mouse en tu ordenador. La información está ahora más accesible que en cualquier otro momento en la historia. El aprendizaje de la cultura y la lengua de los diferentes grupos de personas, ayuda a los misioneros a comunicar efectivamente el evangelio. La actividad de abajo, te dará una visión rápida de las diferentes culturas.

¡Mira Más De Cerca!
¿Cuál cultura es la más diferente a la tuya?

Los Indios Warao:

Área mundial: Los Warao viven en el delta del río Orinoco, en Venezuela.

Casa: Sus casas están construidas sobre pilotes.

Transporte: Los Warao viajan en botes tallados llamados bongos. Sus hijos aprenden a remar antes de aprender a caminar.

Medicina: Cuando los Warao se enferman, beben té de arbusto de la corteza de los árboles. Cuando están extremadamente enfermos, son llevados a un curandero llamado wisidatu. El curandero cree que usar cantos y oraciones alimentará a la persona enferma y le dará salud.

Alimentación: Pescado, larvas, animales y vegetales.

Los Bororo:

Área mundial: Los Bororo viven en la región de Mato Grosso de Brasil.

Ceremonias: Las ceremonias se utilizan para significar los eventos importantes en la vida de una persona. Los Funerales pueden durar varias semanas.

Transporte: Caminar es el modo de transporte principal de los Bororo.

Medicina: Cuando los bororo se enferman, la familia pide un curandero. Él utiliza canciones y oraciones para tratar de hacer sentir bien a la persona enferma.

Alimentación: Jaguares, peces, conejos, monos, aves, verduras, maíz y arroz.

Los Nacirema

Área mundial: La confederación de unas 50 tribus Nacirema viven en áreas limitadas entre Canadá y México.

Ceremonias: Cada persona en la tribu Nacirema celebra su nacimiento con un ritual anual en el que la gente de la tribu enciende varios palos de fuego. Luego, los miembros de la tribu presentarán regalos a la persona de honor.

Transporte: Los Nacirema viajan por diversos medios. Su medio de transporte normalmente te dice lo rico que son y si tienen estatus importante en la tribu.

Medicina: Cuando la gente de la tribu Nacirema se enferma, se colocan en una gran choza donde curanderos conocedores, los pinchan con objetos afilados, mezclan pociones mágicas, y a veces los cortan con el fin de sacar la enfermedad.

Alimentación: Pollos, aves, pescado, vaca, frutas, verduras y arroz.

Educación en la Misión

En Mateo 28: 19-20, Jesús instruyó a sus seguidores a hacer discípulos. La Iglesia del Nazareno ha respondido al llamado al desarrollar y enviar misioneros por todo el mundo con el fin de cumplir con esta misión.

El Departamento de Misión Mundial es actualmente responsable de la planificación de la estrategia de la misión, la distribución de los recursos de la misión mundial de la iglesia, y la prestación de servicios de apoyo para los misioneros. La Iglesia del Nazareno se encuentra en más de 140 áreas diferentes del mundo. Estas áreas del mundo se han organizado en siete regiones: África, Asia-Pacífico, Caribe, América del Sur, Eurasia, México / América Central y EE.UU. / Canadá.

Utiliza diversos recursos, incluyendo el sitio web Misión Mundial de la Iglesia del Nazareno o la Revista Conexión de Misión y Santidad Hoy para crear un tablón de anuncios interactivos. También puedes utilizar el software de presentación para crear una producción multimedia que muestre las misiones en la Iglesia del Nazareno.

Nombra cinco cosas que sean parte de tu cultura.

_____

_____
_____
_____
_____

_____

_____

_____

_____

CHOQUE DE CULTURAS: Sesión 2

Aprender a vivir en una nueva cultura no siempre es fácil. El cambio de las culturas es un reto al que todos los misioneros se enfrentan. Todo es diferente. A veces una persona se deprime, confunde, o no está segura sobre qué hacer en el nuevo lugar. Esto se conoce como choque cultural.

Los misioneros pueden prepararse para nuevas culturas, aprendiendo acerca de los alimentos, la ropa, el idioma y las costumbres de la cultura a la que van a entrar.

Utiliza la siguiente lista de comprobación para ayudarte a desarrollar una Feria Cultural. **NOTA:** Es posible que necesites utilizar Internet, enciclopedias, revistas y otros recursos para ayudarte a aprender lo que es "normal" en una cultura específica.

☐ Establece una fecha y hora para la feria cultural.

☐ Decide una ubicación para la feria

☐ Selecciona varios países de las siete regiones del mundo.

☐ Selecciona comida, juegos, y la ropa que se estarán exhibiendo durante la feria.

☐ Colecciona o has decoraciones.

☐ Contrata trabajadores adicionales.

¿Cómo lo Llamas?

Alimentos

☐ **Mahimahi:** Un plato de pescado servido en Hawai y algunas otras culturas polinesias.

☐ **Plátano:** Una banana, alimentos con almidón comido en América Central y del Sur.

☐ **Baklava:** Una pastelería griega hecha con muchas capas de masa de hojaldre, nueces y miel.

☐ **Mealies:** Una papilla a base de maíz que a veces se fríe.

Ropa

- ☐ **Sari:** Un vestido envolvente hecho de una sola pieza de tela, que usan las mujeres en la India.

- ☐ **Kimono:** Vestido tradicional de la mujer en Japón. Hoy estos equipos se usan sólo en ocasiones especiales y pueden costar miles de dólares.

- ☐ **Turbante:** Revestimiento para la cabeza usado por los hombres en la India. El tipo de turbante puede significar la estación de una persona en la sociedad india.

- ☐ **Fez:** Una gorra de fieltro usada a menudo en los países musulmanes.

¿CÓMO UNA PERSONA SE CONVIERTE EN MISIONERO? Sesión 3

Acepta el Llamado

Se necesita un llamado especial de Dios, entrenamiento especial, y un montón de trabajo para convertirse en un misionero. A continuación se enumeran algunos pasos que una persona toma después de que acepta el llamado a ser misionero. Cuenta los pasos siguientes en el orden en que piensas que la mayoría de los misioneros nazarenos los toman.

- ☐ Cuando hayas hecho todo lo que Misión Mundial requiere, serás considerado para una asignación misionera.

- ☐ Le dices a la Misión Mundial que fuiste llamado al servicio misionero de tiempo completo y llenas una solicitud.

Pasos Prácticos

Recuerda, si estás llamado al servicio misionero de tiempo completo, tu formación puede comenzar ahora. No esperes hasta que estés viejo, sino empieza ahora a desarrollar las habilidades que serán importantes en tu futuro. Si te sientes llamado a ser misionero, considera algunos de estos pasos a medida que creces en tu caminar espiritual con Dios.

- ☐ Lee tu Biblia y pasa tiempo regular en oración.

- ☐ Asiste a la iglesia regularmente.

- ☐ Conviértete en miembro de la Iglesia del Nazareno.

- ☐ Participa en eventos de niños Esgrima, Caravana, Educación Misión, y Escuela Dominical.

- ☐ Adora a través de la entrega de tus diezmos y ofrendas.

☐ Crees que Dios quiere que seas un misionero, y le dices a Dios que aceptas su llamado para tu vida.

☐ Uno va como misionero a un país asignado y comienza su trabajo allí.

☐ Uno va a la universidad para prepararse para ser misionero.

Los Misioneros Cuentan Con Tu Ayuda

Dios no llama a todos a ser misionero. La mayoría de la gente se queda en casa y apoyan las misiones. Los que se quedan en casa son importantes para los misioneros. Te necesitan.

La Iglesia del Nazareno tiene un sistema de apoyo a las misiones bien organizado para ayudar a nuestros misioneros a hacer su trabajo. El sistema de apoyo comienza en las iglesias locales. Cada iglesia da parte de su dinero para los trabajos de misiones.

Hay formas especiales en las que puedes ayudar a los misioneros. Una de ellas es el proyecto de distrito especial de misión para los niños. Durante la Escuela Bíblica de Vacaciones, parte de la ofrenda se utiliza para un proyecto de misiones.

Los misioneros necesitan algo más que dinero. Ellos necesitan nuestras oraciones también. Cuando los misioneros tienen problemas, piden a la gente que oren. Dios responde a las oraciones.

Los Descubridores pueden aprender sobre los misioneros por leer libros y artículos misioneros en Santidad Hoy que hablan de los misioneros y su ministerios.

Pasos Prácticos (continuado)

☐ Aprende otro idioma si tienes la posibilidad.

☐ Aprende sobre otros países y culturas a través de libros, Internet y experiencias de viaje.

☐ Lee los libros de Educación Misionera de niños publicados por baliza con Hill Press en la Editorial Nazarena.

☐ Se testigo de tus amigos y diles a otros acerca de tu relación con Jesús.

☐ Asiste a servicios especiales en los que los misioneros hablen o se enfaticen en las misiones.

☐ Escribe un e-mail a Sandy Cunningham en WMmissionary@nazarene.org si estás interesado en convertirte en un misionero.

1. Habla con tu presidente local de MNI (Misiones Nazarenas Internacionales). Haz las siguientes preguntas:

   a. ¿Cuándo los niños en tu iglesia tienen programa de educación / reuniones de misión?

   b. ¿En qué mes recoge tu iglesia la Ofrenda de Alabastro?

   c. ¿Está tu iglesia involucrada en un proyecto de misiones especiales de cualquier tipo? Si es así, ¿cuál es el proyecto?

   d. ¿Cuáles son los nombres de los libros de lectura de los niños para este año?

2. Misión de conexión contiene una lista de algunas de las necesidades especiales. Encuentra un tema de actualidad y registra una lista de estas necesidades.

3. Selecciona una o dos cosas por las que orar acerca de la Revista Conexión de Misión y Santidad Hoy. Incluye estos en tu apertura y/o cierre de oración del Descubridor. Escribe tus peticiones de oración en las siguientes líneas.

_____

_____

_____

_____

¡ENVUÉLVELO!

1. ¿Cómo te sentiste después de tu proyecto de ministerio?

_____

2. ¿Cómo puede Dios utilizar tus habilidades para el servicio de la misión?

_____

3. ¿Qué puedes hacer por las misiones en los próximos tres meses?

_____

_____

_____   _____

Fecha   Firma del Guía

ADORACIÓN

VERSÍCULO BÍBLICO

"Vengan, postrémonos reverentes, doblemos la rodilla ante el SEÑOR nuestro Hacedor." (Salmo 95:6-7a)

¡Sólo Dios merece tu adoración! Sin embargo, es fácil adorar cosas que son indignas de tu adoración. Si no tienes cuidado, el dinero, los deportes, la ropa, los juegos de ordenador, los músicos, los actores o actrices pueden reemplazar a Dios como el objeto de tu adoración.

Así que, ¿Cómo asegurarte de que sólo adoras a Dios? Puedes empezar por evaluar lo que consume tus pensamientos, tiempo y energía. ¿Qué controla tus acciones, reacciones o las decisiones que tomas? Si Dios no es la respuesta a estas preguntas, entonces Él puede que sea una de las cosas que adoras, no lo único que adoras. Dios quiere tener el primer lugar en tu vida.

SERVICIO

Qué Puedes Hacer Con Esta Habilidad

Comprender los elementos de un servicio de adoración te ayudará a participar en el servicio de adoración y disfrutarlo más.

Requisitos ✓ de Insignia

Elije cuatro de los cinco requisitos siguientes para finalizar la insignia Adoración.

☐ Completa la sección "¿Qué dice la Biblia acerca de la adoración?" en el Estudiante Descubridor.

☐ Define cada palabra del vocabulario adoración en tus propias palabras.

☐ Planea un servicio de adoración.

☐ En algún nivel, participa en el servicio de adoración del domingo por la mañana en tu iglesia (ujier, leer las Escrituras, dar avisos, cantar).

☐ Participa en un proyecto de ministerio que te permita utilizar las habilidades de adoración.

137

¿QUÉ DICE LA BIBLIA ACERCA DE LA ADORACIÓN? SESIÓN 1

Salmo 95:1-7

Lee el Salmo 95: 1-7 y contesta las siguientes preguntas.

1. ¿Cómo el salmista adora a Dios? (Versículos 1-2, 6)

   _____

   _____

   _____

2. ¿Por qué el salmista adora a Dios? ¿Qué nos dice el salmo acerca de Dios? (Versículos 1, 3-5, 7)

   _____

   _____

   _____

Mateo 2:1-2, 11

Lee los versículos y contesta las siguientes preguntas.

Cuando los reyes magos (sabios) estaban buscando a Jesús, preguntaron: "¿Dónde está el que ha nacido rey de los Judíos? Vimos levantarse su estrella y hemos venido a adorarlo." (Mateo 2: 2)

Lee Mateo 2:11. Llena los siguientes espacios en blanco para averiguar algunas formas en que los magos adoraron al Niño Jesús.

1. "[Ellos] _____ lo adoraron [Jesús]."

2. "Abrieron sus cofres y le presentaron como _____ oro, incienso y mirra."

Mateo 4:8-10

En Mateo 4: 8-10, el diablo tentó a Jesús para que lo adorara. Lee este pasaje y contesta las siguientes preguntas.

1. ¿Quién tentó a Jesús? _____

2. ¿El diablo le dijo a Jesús que le iba a dar todos los reinos del mundo si Jesús hacía qué? _____

   _____

3. ¿Qué le dijo Jesús al diablo sobre a quién debemos adorar? _____

Espiritual

Juan 4:24

Lee este versículo. Cuando Jesús habló con la mujer samaritana, Él le dijo que Dios es un espíritu. ¿Cómo dijo Jesús que debemos adorar a Dios?

1. En _____

2. En _____

Dios quiere que seamos sinceros y honestos en nuestra adoración. El Espíritu de Dios puede estar en cualquier lugar, así que no tenemos que limitarnos a donde podemos adorarlo.

¿Cuándo Puedo Adora a Dios?

Puedes adorar a Dios en cualquier momento. Caminando por un sendero, puedes estar asombrado por la genialidad de las muchas creaciones de Dios. Sentado para comer, la fidelidad de Dios para proveer comida puede dar lugar para adorarle y agradecerle. Puedes adorar a Dios en la escuela, en un coche, en casa, y, por supuesto, en la iglesia. De hecho, pasar tiempo con Dios durante la semana tendrá un impacto en la forma en que adoras en la iglesia. ¿Pasas tiempo con Dios cada día?

¿Que Sabes?

1. Nombra algo en tu vida que podría haber tomar o ha tomado el lugar de Dios.

   _____

   _____

   _____

2. ¿Cuáles son algunas maneras en las que puedes adorar a Dios en casa?

   _____

   _____

   _____

3. ¿Cuáles son algunas maneras en las que puedes adorar a Dios en la iglesia?

   _____

   _____

   _____

   _____

   _____

   _____

PALABRAS PARA SABER

Busca en este capítulo las definiciones correctas a las palabras de abajo. Luego, en tus propias palabras, escribe lo que significa cada palabra y si se utilizan en el servicio de adoración de tu iglesia.

☐ **Preludio**
Definición:_____

_____

¿Se usa en el servicio de tu iglesia? _____

☐ **Postludio**
Definición:_____

_____

¿Se usa en el servicio de tu iglesia? _____

☐ **Lectura en Respuesta**
Definición:_____

_____

¿Se usa en el servicio de tu iglesia? _____

☐ **Llamado a la Adoración**
Definición:_____

_____

¿Se usa en el servicio de tu iglesia? _____

☐ **Bendición**
Definición:_____

_____

¿Se usa en el servicio de tu iglesia? _____

☐ **Sacramento**
Definición:_____

_____

¿Se usa en el servicio de tu iglesia? _____

UN SERVICIO DE ADORACIÓN: Sesión 2

¿Qué Incluye Un Servicio De Adoración?

El servicio de adoración puede ser un poco diferente en cada iglesia. Sin embargo, cada servicio de adoración debe involucrar a la congregación en una experiencia de adoración. ¡La adoración no es un deporte para espectadores! Es una experiencia activa. ¿Cuan involucrado te sientes? ¿Ves la adoración o estás involucrado en la adoración?

Algunas cosas que se incluyen en la mayoría de los servicios de adoración: música, llamado a adorar, escritura, ofrenda, anuncios, oración, sermón, y en ocasiones la comunión.

Música

La música es una manera en la que cada uno puede adorar a Dios. La música ayuda a pensar acerca de Dios y lo que Él ha hecho por ti. Hay diferentes tipos de música en un servicio de adoración.

1. *El Preludio*: Esta es la música que se reproduce en el inicio del servicio. Esta música está diseñada para enfocar tu atención en Dios. Durante este tiempo a algunas personas les gusta sentarse y orar, leer su Biblia, u orar en el altar.

2. *Canto Congregacional*: Estas son las canciones que todos cantan juntos. Las canciones utilizadas para el canto congregacional suelen consistir en una combinación de himnos y canciones de alabanza contemporánea. ¿Cuáles son algunos himnos que cantan en tu iglesia? ¿Cuáles son algunas canciones de alabanza contemporánea que tu congregación canta?

3. *Postludio*: Esta es una canción que te ayuda a reflexionar sobre el servicio de adoración y celebrar la esperanza que tienes en Cristo.

Un Llamado A La Adoración

Un llamado a la adoración se utiliza al inicio del servicio de adoración. Puede ser una canción o un versículo de la Biblia.

Aclamen alegres al Señor, habitantes de toda la tierra; adoren al Señor con regocijo. Preséntense ante él con cánticos de júbilo. (Salmo 100:1-2)

Sagrada Escritura

La Biblia debe ser utilizada en varias ocasiones en el servicio de adoración. A través de las Escrituras, aprendemos más acerca de Dios.

1. *Lectura de Respuesta:* Lectura de respuesta suele ser un pasaje de las Escrituras todos leen juntos. Lecturas se encuentran en la parte posterior de la mayoría de los himnos de la iglesia. Las lecturas por lo general tienen dos partes: el líder y la congregación. El líder y la congregación se turnan para leer sus partes. A veces, leen juntos.

2. *Texto:* El texto es la escritura de la que el pastor hablará durante el servicio de adoración.

3. *Lecciones:* La escritura puede leerse en la forma de una lección bíblica. Algunas iglesias leen tres pasajes durante un servicio de adoración: uno del Antiguo Testamento, uno del Nuevo Testamento, y uno específicamente de los Evangelios. Algunas iglesias también destacan durante la lectura de los Evangelios, la reverencia por las palabras que Jesús dijo.

Anuncios

Desarrollar amistades con otros cristianos es una de las mejores cosas de ser parte de una iglesia. Los Anuncios informan a la gente de los acontecimientos que suceden en la vida de la congregación. ¿Qué está pasando en tu iglesia?

Ofrenda

El tiempo de la ofrenda debe ser una experiencia de adoración. Durante la ofrenda, la congregación tiene la oportunidad de dar sus diezmos y ofrendas. La ofrenda ayuda a apoyar los muchos ministerios en tu iglesia local y la iglesia en general en todo el mundo.

La Biblia habla de diezmar en Génesis 28:22. [Jacob dijo:] "Esta piedra que he puesto como pilar, será la casa de Dios, y de todo lo que me das te daré una décima parte."

El diezmo es el 10 por ciento de lo que ganas. Piensa en tu asignación o dinero que recibes por un trabajo. ¿Cuál sería el 10 por ciento? Una manera fácil de averiguarlo es mover el punto decimal un espacio hacia la izquierda y colocar el último número de la derecha. ¡Echa un vistazo a los ejemplos a continuación!

10 por ciento de $ 5.00 = $ 0.50

10 por ciento de $ 20.00 = $ 2.00

Oración

Hay diferentes tipos de oraciones en un servicio de adoración.

1. *Oración por la ofrenda:* La congregación ora para pedir a Dios que bendiga la ofrenda. A veces la congregación utilizará una oración escrita o un versículo de la Biblia durante este tiempo.

2. *Oración Pastoral:* Esta es una oración que el pastor hace. El pastor ora por las necesidades de todo el mundo, en tu comunidad y en tu iglesia.

3. *Oración de Respuesta:* Esta es una oración que se reza en respuesta a Dios hablándote. El pastor tendrá a menudo unos momentos de silencio o de invitar a la gente a orar en el altar durante este tiempo.

4. *Bendición:* Esta es una oración de bendición. Esta es la última oración en el servicio. Es una oración pidiendo a Dios que esté con las personas a medida que se vayan. Un ejemplo de una bendición: Que el Espíritu de Dios vaya con usted mientras usted adora a Dios y sirve a los demás.

El Sermón

El sermón es el momento en que el pastor o un orador especial, habla de la Biblia y lo que significa. El sermón nos ayuda a aprender más acerca de cómo Dios quiere que vivamos como cristiano.

Sacramentos

Estos son actos religiosos basados en eventos especiales en la vida de Jesús. Los más comunes son la Cena del Señor (Comunión) y el Bautismo.

1. *Comunión:* Este sacramento se celebra en muchas iglesias. El jugo representa la sangre de Jesús y una oblea o pan representa su cuerpo. Las siguientes son algunas de las razones por qué las personas toman la comunión:

   Jesús nos mandó a hacer esto (Lucas 22:19-20).

   Nos ayuda a recordar la vida, muerte y resurrección de Jesús.

   Recuerdas el amor de Dios para las personas y su plan para perdonar los pecados. Puedes celebrar la esperanza que tienes en el regreso de Jesús.

2. *El Bautismo:* Este es un sacramento que implica agua. Es un símbolo de que Dios ha hecho a un pecador limpio de pecado. En el bautismo, una persona puede ser sumergido en agua, rociado con agua, o que el agua sea vertida sobre ellos.

¡ENVUÉLVELO!

1. Nombra dos cosas que te gustan del servicio de adoración en tu iglesia. ¿Qué cambiarías o añadirías?

   _____

   _____

   _____

2. A veces puedes estar distraído de la adoración a Dios. ¿Qué cosas te pueden impedir adorar a Dios?

   _____

   _____

   _____

   _____

3. Pasar tiempo con Dios durante la semana afectará cómo le adoras el domingo. ¿Cómo puedes pasar tiempo con Dios esta semana?

   _____

   _____

   _____

   _____

_____   _____
Fecha   Firma del Guía

144

DRAMA

VERSÍCULO BÍBLICO

"En tanto que llego, dedícate a la lectura pública de las Escrituras, y a enseñar y animar a los hermanos." (1 Timoteo 4:13)

Qué hace que tengas ganas de escuchar una historia más de una vez? ¿Está la historia llena de acción? ¿Está narrada en un libro, una obra de teatro, una película, o una canción? Hay un montón de maneras divertidas para contar una historia. Dios quiere que le digas a los demás la verdadera historia más importante de todos los tiempos, Dios ama a todos y envió a Jesús para salvarnos de nuestros pecados. Puedes utilizar tus talentos para contar esta historia de una manera que hará que la gente quiera escuchar.

COMPASIÓN

Qué Puedes Hacer Con Esta Habilidad

Drama es divertido de hacer y de ver. Puedes convertir esta habilidad en un hobby o simplemente utilizarla para entender más acerca de las obras que se pueden ver. Drama es una gran manera de compartir el evangelio con los demás de una manera creativa.

Requisitos ✓ de Insignia

Elije cuatro de los cinco requisitos para completar la insignia Drama.

☐ Aprende términos de etapa y los diversos aspectos de las presentaciones teatrales.

☐ Practica y realiza un boceto de drama ante tu iglesia o grupo descubridor.

☐ Crea un escenario.

☐ Aprende reglas de actuación y costumbres de la etapa.

☐ Participa en un proyecto de ministerio opcional usando las habilidades de Drama.

social

PALABRAS PARA SABER

El aprendizaje de estas palabras te ayudará a entender lo que el guión está diciendo que hagas. Encuéntralos en el rompecabezas.

BASTIDORES

CENTRO DEL ESCENARIO

DERECHA DEL ESCENARIO

ECLIPSAR / ROBAR LA ESCENA

ESCENA

ESCENARIO

FONDO DEL ESCENARIO

FRENTE DEL ESCENARIO

IZQUIERDA DEL ESCENARIO

PANTOMIMA

SEÑAL

Bastidores: El área detrás del escenario que el público no ve.

Fondo del Escenario: El área de fondo del escenario, más alejada de la audiencia.

Frente del Escenario: La zona frente al escenario, más cercana a la audiencia.

Centro del Escenario: Esta es el área en el centro del escenario. A menudo está marcada con cinta, una letra X, o una letra C.

Izquierda del Escenario: La izquierda del actor, no la izquierda del público.

Derecha del Escenario: La derecha del actor, no la derecha del público.

Eclipsar / Robar la Escena: Tomar la atención de un actor que debe ser el centro de interés. (Las payasadas alrededor están eclipsando.)

Escenario: El escenario de un acto o escena.

Escena: Una pequeña parte de una obra de teatro donde ocurre toda la acción en un solo lugar.

Señal: Una señal que indica a un actor cuando decir una línea o realizar una acción. Las señales pueden ser palabras, acciones, efectos de sonido, cambios de iluminación, etc.

Pantomima: El relato de una historia con gestos, movimientos corporales y expresiones faciales en lugar de palabras.

Social

```
D  E  R  E  C  H  A  D  E  L  E  S  C  E  N  A  R  I  O  C  A
S  R  Z  A  L  O  A  H  I  F  B  D  F  E  P  F  S  M  Z  O  C
B  H  E  S  C  N  T  M  L  O  S  T  O  C  Z  R  H  E  L  T  E
A  F  M  R  P  E  Ñ  K  B  N  Y  R  H  L  L  E  I  Ñ  R  F  N
S  T  N  D  O  S  P  C  W  D  I  A  N  I  S  N  M  O  D  S  T
T  X  L  F  A  I  Z  J  T  O  X  S  W  P  J  T  B  K  A  I  R
I  Z  Q  U  I  E  R  D  A  D  E  L  E  S  C  E  N  A  R  I  O
D  O  Y  R  W  L  O  I  X  E  N  C  O  A  Y  D  N  I  L  P  D
O  S  P  T  C  F  B  T  R  L  P  A  T  R  Z  E  F  E  N  Z  E
R  W  A  H  M  Z  A  M  N  E  H  E  I  K  F  L  S  H  R  T  L
E  Y  N  A  E  I  R  B  E  S  B  S  Ñ  L  O  E  N  A  O  W  E
S  S  T  O  D  R  L  S  O  C  W  E  Y  D  B  S  I  M  D  S  S
I  E  O  N  L  K  A  E  L  E  S  M  Z  E  S  C  E  N  A  T  C
R  J  M  C  T  S  E  W  M  N  T  A  P  B  H  E  X  S  W  H  E
X  F  I  I  A  W  S  E  Ñ  A  L  K  O  E  F  N  P  R  Ñ  A  N
E  N  M  F  P  Z  C  N  J  R  N  I  S  N  Y  A  D  O  A  F  A
H  D  A  Ñ  S  B  E  P  R  I  H  D  C  A  I  R  T  E  I  M  R
A  Y  S  O  A  L  N  T  L  O  X  E  Z  B  O  I  S  N  L  R  I
O  C  Z  E  F  M  A  E  S  C  E  N  A  R  I  O  A  M  C  D  O
```

ENCUENTRA TU CAMINO ALREDEDOR DE UN ESCENARIO: Sesión 1

Drama es una manera impresionante de compartir el amor de Dios con otras personas. Muchos guiones de teatro tienen acotaciones en ellos. Éstos aparecen entre paréntesis, y se utilizan para decirle a los actores dónde moverse y qué acciones llevar a cabo en el escenario. Mira este ejemplo:

(Max entra al escenario izquierdo)

MAX (corriendo sin aliento): Chicos! Acabo de ver la cosa mas rara!

Para un actor, las direcciones son básicamente lo contrario de lo que sería si nos fijamos en el escenario de la audiencia. Si un actor entra en la izquierda del escenario, esa posición es la izquierda del actor y la derecha de la audiencia. Para realizar bien un drama, necesitas saber tu camino alrededor del escenario.

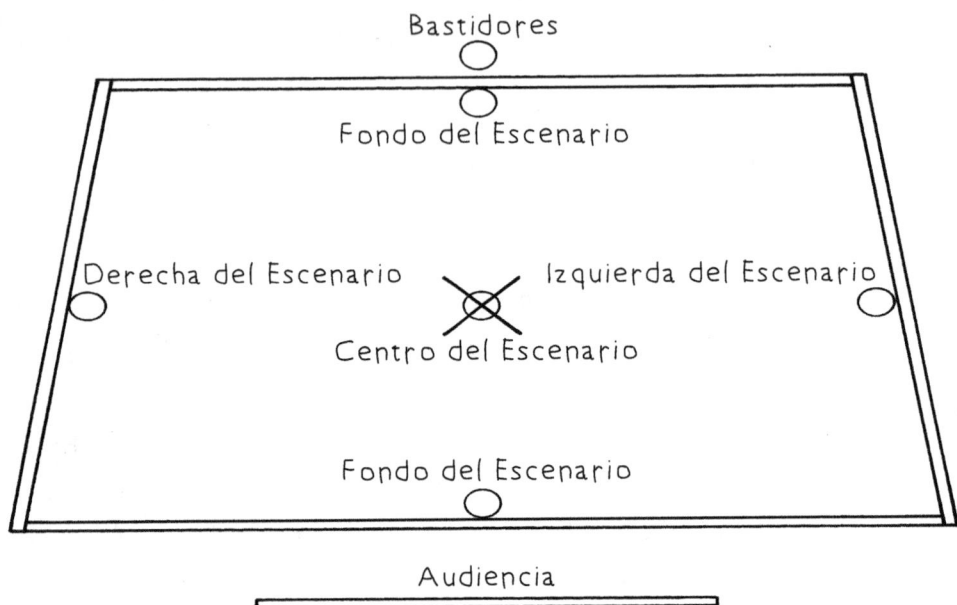

Aquí hay un juego divertido para ayudarte a encontrar tu camino alrededor de un escenario.

Carrera de Escenario

Propósito: Aprender acotaciones

1. Usa cinta adhesiva para marcar un escenario y la parte trasera de un escenario en el suelo. Marca un punto para el público, también. Coloca una gran X en el centro del escenario

2. Coloca una bolsa de frijoles en cada una de las áreas del escenario (Izquierda del escenario, Derecha del escenario, Eclipsar, Centro del escenario, Fondo del escenario, Bastidores).

3. Divide en parejas. Ten una pareja de pie en la X en el centro del escenario. Que los Descubridores restantes se sienten en el espacio designado para la audiencia.

4. El líder dice las diversas acotaciones. La pareja debe correr al lugar correcto en el área del escenario y ver quien puede agarrar la pelotita primero.

5. Una vez finalizada la carrera, el jugador con la mayor cantidad de bolsas de frijoles llega a elegir el siguiente par a correr la carrera.

6. Repite el juego para darle una oportunidad a todas las parejas.

   Opción: Ofrece un regalo o un presente para el ganador de cada carrera.

LOGRAR TU ACTO JUNTOS: Sesión 2

La mayoría de la gente quiere actuar y dar lo mejor en el escenario. ¿Cómo lo haces? Aquí hay tres reglas básicas para ayudarte a mejorar tus habilidades de actuación. Estos juegos de diversión te ayudarán a recordar las reglas. Los Juegos de Cine son una explosión. ¡Compártelos con tus amigos!

Juego del Espejo

Propósito: Este juego enseña pantomima y rapidez de pensamiento.

1. Divide el grupo en parejas. Un jugador es A, el otro jugador es B. Una pareja "se presenta" a la vez.

2. Que se paren uno frente al otro, a unos tres pies de distancia. ¡Asegúrate de que el público pueda ver a los dos!

3. Cuando el líder diga jugador A, éste comienza acciones de pantomima específicas, como cepillarse los dientes, hacer un sándwich, etc. El jugador B debe hacerse pasar por un espejo, imitando cada acción específica, así como un reflejo en un espejo haría. Se creativo, y asegúrate de que tus movimientos sean específicos. El objetivo de este juego es que el "espejo" trate de mantenerse sin reír.

4. Después de un minuto, el líder debe llamar al jugador B. la pareja debe cambiar los papeles. El jugador A es ahora el espejo. Nota: Si el grupo Descubridor es muy grande, ten dos grupos realizando el mismo escenario (prepararse para la escuela, comer la cena, etc.) al mismo tiempo.

Actuando Regla No. 1:

Realiza tus acciones específicas. Cuando estés actuando, piensa en cómo una persona podría *realmente* hacer actividades diarias. Por ejemplo, piensa en cada paso que participa en hacer un sándwich.

149

Bolsa de Frijoles: Juego de Voz

Propósito: Este juego enseña a los actores a hablar lo suficientemente alto para ser escuchados desde el fondo de la sala.

1. Tener el stand del grupo en una fila.
2. Coloca tres bolsas de frijoles en el suelo. Pon la primera a unos 6 pies de distancia, la segunda a 18 pies de distancia, y la tercera a unos 40 pies de distancia. Ajusta las distancias si es necesario para adaptarlas a tu salón de clases.
3. Has turnos para decir el versículo bíblico de esta semana (1 Timoteo 4:13) a la primera bolsa de frijoles, luego la segunda, luego la tercera. Asegúrate de hablar con más fuerza a las bolsas de frijoles que están más lejos.
4. Recuerda que los actores deben proyectar sus voces, o hablar en voz alta, para que la gente en el fondo de la sala puedan escuchar.

Béisbol, Orquesta, Zoológico

Propósito: Este juego enseña el trabajo en equipo, pensamiento rápido y pantomima.

1. Divide en grupos de tres o cuatro.
2. Dale a cada grupo un total de tres minutos para decidir cómo van a actuar los tres escenarios siguientes: un partido de béisbol, una orquesta y un zoológico. ¡Deben representar estas escenas como un grupo!

3. El líder está delante de todo el grupo y dice en voz alta, " béisbol ", "Orquesta" y "Zoológico". Los grupos deben cambiar rápidamente a actuar la escena correspondiente.
4. El líder comenzará a cambiar escenas cada vez más rápidamente. Los grupos finalmente se mezclarán. Pide a los grupos abandonar el juego, mientras que cometan errores, hasta que sólo un grupo quede, el ganador.

    Nota: Los grupos se "mezclan" cuando los miembros no están actuando en la misma escena o están actuando en la escena equivocada.

ENTRE BASTIDORES: Sesión 3

Hay más para jugar que lo que se puede ver en la audiencia. Estas son algunas de las personas que comúnmente se encuentran tras bastidores en una obra de teatro:

Director de Escena: Esta persona se asegura de que los actores no pierdan sus señales. Esta persona mantiene a la gente detrás del escenario fuera de la vista del público. El se encarga de los problemas repentinos que se plantean entre bastidores. Durante los ensayos, ayuda al director.

Técnico de Sonido: Esta persona trabaja en la cabina de sonido y hace que todos los micrófonos y altavoces funcionen correctamente.

Técnico de Iluminación: los técnicos de iluminación hacen funcionar proyectores y otras luces del escenario. Miran las señales para cambiar la iluminación para los cambios de escena, intermedio, y otros efectos.

Gerente de Vestuario: La gerencia de vestuario puede estar formada por una o varias personas. El director encuentra el vestuario de los actores o hace disfraces si es necesario. El gerente de vestuario se encarga de los trajes entre actuaciones.

Maestro Objeto: Esta persona se encarga de reunir todos los apoyos y asegurarse de que estén en los lugares correctos cuando se necesiten.

Director: Esta persona cuida de toda la obra. Maneja el ensayo (prácticas) y la actuación y trabaja con los técnicos de sonido e iluminación para asegurarse de que la obra funciona sin problemas.

Tripulación de Etapa: El equipo de etapa mueve el set y apoya entre escenas y antes y después del espectáculo. También ayudan al director de escena en todo lo que necesite.

Conjunto de la Tripulación: Este equipo diseña, construye y pinta los conjuntos. El equipo reúne los muebles y otras piezas de gran tamaño que se utilizarán y deciden dónde ponerlos en el escenario.

Diseñando un Set:

Usando diferentes artículos de cocina, configura tu espacio escénico para que parezca una cocina o comedor. Luego, lee el guión del drama, utilizando los apoyos mientras actúas.

¡ENVUÉLVELO!

1. ¿Cuál es tu actividad favorita en una obra de teatro?

_____

_____

_____

2. ¿Cómo puede Dios utilizar tus habilidades de Drama en el futuro?

_____

_____

_____

3. ¿Cómo te sentiste después de completar tu proyecto de ministerio?

_____

_____

_____

_____   _____
Fecha   Firma del Guía

152

ENTRETENIMIENTO

VERSÍCULO BÍBLICO

"Dichoso el que coma en el banquete del reino de Dios." (Lucas 14:15b)

¿Alguna vez has recibido una invitación para una fiesta? Mientras te lanzas a descubrir quién la envió, ¿te sientes honrado de que alguien se le ocurriría invitarte? ¿Qué harías si recibes esta invitación:

> ### ESTÁS INVITADO
>
> *Únete a mí para una eternidad llena de adoración, júbilo y alabanza. Si crees en Mi Hijo Jesús, como tu Salvador y le pides perdón por tus pecados, eres bienvenido.*
>
> **Dios**

¿Si Jesús te invita a una fiesta, te gustaría ir? O, ¿estarías demasiado ocupado para aceptar su oferta? ¿Te olvidarías de confirmar tu asistencia?

Lee Lucas 14: 15-24 para aprender más sobre la fiesta de Jesús.

SERVICIO

Qué Puedes Hacer Con Esta Habilidad

Cuando aprendas las habilidades de entretenimiento, serás capaz de planificar y disfrutar de eventos de diversión para tu familia y tus amigos.

Social

Requisitos ✓ de Insignia

Elije cuatro de los cinco requisitos descubridor a continuación para la realización del Entretenido insignia.

☐ Discute cómo planificar una fiesta.

- [ ] Crea y envía una invitación a una fiesta.
- [ ] Organiza un presupuesto para una fiesta.
- [ ] Planifica juegos para una fiesta.
- [ ] Planifica el tema y decoraciones para una fiesta.
- [ ] Planifica una manera de utilizar las habilidades Entretenimiento para ministrar a otra persona.

Seguridad #1

- [ ] **Siempre** pide permiso a tus padres antes de planificar unos invitados.
- [ ] **Siempre** asegúrate de que haya espacio suficiente para el número que hayas invitado.

PALABRAS PARA SABER

Presupuesto: Un plan financiero para lo que tu fiesta va a costar y cuánto tienes que gastar en cada artículo.

Juegos: Divertidas actividades que involucren a las personas que asistan a una fiesta.

Invitaciones: Tarjetas o volantes que anuncian la hora, la fecha, el propósito y la ubicación de la fiesta.

¡COSAS PARA PENSAR! Sesión 1

Antes de planificar una fiesta, considera lo siguiente:

1. Elige un lugar y un día, cuando la mayoría de la gente pueda asistir.
2. Decide cuántas personas vas a invitar.
3. Determina quien planificará la fiesta, hará las invitaciones, y cocinará la comida para la fiesta.
4. Elige los juegos o entretenimiento para la fiesta. ¿Qué tipo de fiesta vas a tener?

Hay muchos tipos diferentes de fiesta:

1. Fiestas para:
   - [ ] Cumpleaños
   - [ ] Graduación
   - [ ] Despedida (para un amigo que se muda)
   - [ ] De bienvenida (para una nueva persona que se ha mudado a tu área)
   - [ ] Día de fiesta (Año Nuevo, Navidad, Acción de Gracias, Pascua)

Social

154

2. Fiestas para celebrar:
   - ☐ Que tu equipo ganó un juego
   - ☐ Un amigo sacó A en todo
   - ☐ Seguido de un recital de música
   - ☐ Fiestas sin una razón especial

El Plan

¡Tienes la oportunidad de planear una fiesta! Lee todo en esta sección antes de empezar el proceso de planificación.

Selecciona una fecha, hora y lugar para tu fiesta. Si quieres tener la fiesta en una casa, consulta con los adultos que viven allí. Si la fiesta será en la iglesia, que tu guía te dirija a la persona a cargo de la programación de eventos especiales. Si estás teniendo una fiesta en un lugar especial, como una pista de patinaje, pista de esquí, parque, o una tienda de pizza, asegúrate de llamar y averiguar si la fecha y hora que has seleccionado está disponible.

Estas Invitado

Decide cuántas personas deseas invitar. Has una lista de estas personas. Luego, crea una invitación que tenga la hora, fecha, lugar y propósito de tu fiesta.

INVITACIÓN Y PRESUPUESTO: Sesión 2

Crea una Tarjeta

Decide cómo deseas que sean tus invitaciones. Se pueden hacer con fuentes de arte (marcadores, crayones y brillo) o usando un programa de computadora. Elige entre las siguientes actividades.

Feliz Cumpleaños Dana

Cuando: 13 de junio de 4:30pm a 7:00pm
Donde: Valle Azul Parque Comunitario (Edificio No. 5)
Favor de confirmar su asistencia antes del 8 de junio a (759 555 5555)

Manualidades

Utiliza fuentes del arte para crear una invitación para tu fiesta. Una invitación hecha a mano es divertida de hacer y le da a cada tarjeta un toque personalizado.

Alta Tecnología

Utiliza un programa de computadora para crear tus invitaciones. Diviértete con imágenes prediseñadas, escaneo de imágenes, y diferentes tipos de letra.

PRECAUCIÓN: No pierdas la información importante (cuándo, dónde y por qué) mientras trabajas en un diseño elaborado.

Planifica tu Presupuesto

Se consciente siempre de la cantidad de dinero que estás gastando. Es fácil irse por la borda cuando estás emocionado por entretener a tus amigos. Utiliza las Directrices de Presupuesto mientras cuentas tus centavos.

Directrices de Presupuesto

- ☐ Decide cuánto dinero puedes gastar en tu fiesta. Si la fiesta es en tu casa, habla con tus padres acerca de la cantidad de dinero que puedes gastar.
- ☐ Planea un menú de fiesta.
- ☐ Has una lista de cosas que debes comprar.
- ☐ Has una lista de cosas que te gustaría comprar.
- ☐ Mira ambas listas y la cantidad de dinero que tienes que gastar. Si no tienes dinero suficiente para comprar todo, decide las cosas que no pueden faltar en una fiesta.

Monto que puedo gastar: $_____

Número de personas invitadas: _____

Decoración: (Has una lista de cada uno y cuánto va a costar. Consulta con amigos para ver si alguien puede prestarte algunas decoraciones.)

    1. _____

    2. _____

    3. _____

Alimentos y Suministros: (Anota cada artículo y cuánto va a costar)

    1. Platos _____

    2. Servilletas _____

    3. Vasos de papel _____

    4. Tenedores o cucharas _____

    5. Alimentos y Bebidas

        a. _____

        b. _____

        c. _____

        d. _____

        e. _____

El Gran Ahorrador

Tu guía te dará una cantidad de dinero y número de invitados para la fiesta. Tu misión es la de calcular el costo de los artículos para tu fiesta para ese número de personas. No se te permite tener más de la cantidad de dinero. Determina lo que es necesario y lo que no es necesario.

TOQUES FINALES: Sesión 3

Juegos y Actividades

¿Qué juegos vas a jugar? Enumera tres juegos que quieras jugar en tu fiesta. Luego, practica cada juego. Asegúrate de que sabes y puedes explicar con claridad las reglas para cada juego.

1. _____

2 _____

3. _____

Construcción Creativa

La decoración para tu fiesta puede ser una de las cosas más divertidas acerca del proceso de planificar la fiesta. Sin embargo, es importante ser creativo y práctico. Utiliza las siguientes pautas y materiales proporcionados por tu guía de camping para decorar tu fiesta.

1. Antes de la decoración, limpia y vacía la zona de fiesta.

2. Diseña tus decoraciones de fiesta de una manera única. Dale a todo tu propio toque especial.

3. Poco antes de que comience la fiesta, prepara la mesa de alimentos y bebidas.

   a. Coloca un mantel sobre la mesa.

   b. Coloca los platos, servilletas y tenedores o cucharas en un extremo de la mesa.

   c. Coloca los vasos y las bebidas en el extremo opuesto de la mesa.

   d. Pon la comida en el centro de la mesa.

   e. Coloca varios contenedores de basura alrededor de la habitación para que los invitados arrojen sus servilletas, vasos y platos. Designa un contenedor para los artículos reciclables.

¡Los Invitados Han Llegado!

Cuando llega un invitado, es importante que él o ella se sientan cómodos. Saluda a cada invitado en la puerta e invita a la persona a entrar. Ofrece tomar su abrigo u otros artículos, pero informa a la persona donde guardarás el articulo. Si el invitado nunca ha estado en el lugar donde se está realizando la fiesta, dile dónde encontrar el baño a los otros invitados, y la comida. Si el invitado no está familiarizado con los otros invitados, asegúrate de presentárselo a todos.

¡Tiempo De Fiesta!

Durante la fiesta, actualiza a los invitados de lo que va a suceder a continuación. Por ejemplo, si la comida no está lista, deja que tus invitados sepan que van a comer en unos 20 minutos. Además, mientras las personas terminan su comida, anuncia cuando comenzarán los juegos.

Después de la Fiesta

Las fiestas son una maravilla. Pero cuando todo el mundo se ha ido a casa, todavía hay trabajo por hacer.

1. Limpia el área de la fiesta.
2. Envuelve y guarda cualquier alimento sobrante.
3. Saca la basura.
4. Agradece a tus padres por permitirte tener una fiesta.

Una Noche de Invitados

Tener un amigo que se quede a dormir en tu casa es una de las cosas divertidas acerca de la vejez. Mira las siguientes pautas para que tu horario esté sin problemas.

☐ Pide permiso a tus padres para que un amigo te visite.

☐ Invita a tu amigo. Tu invitación debería hacerle saber a tu amigo lo que planeas:

Ejemplos:

"Me gustaría que pases la noche del sábado."

"¿Estas disponible para ir a mi juego de pelota del viernes y pasar la noche?"

- ☐ Ayuda a limpiar la casa antes de que tu amigo venga.
- ☐ Reúne aperitivos, bebidas y otras cosas que quieras.
- ☐ Si tu invitado nunca ha estado en tu casa, muéstrale la casa y preséntaselo a tu familia.
- ☐ Si el invitado quiere hacer algo que está en contra de las reglas de tus padres, hazle saber que tu familia no permite eso. Esto será difícil, pero te mantendrá alejado de los problemas.
- ☐ Ten uno o más cristianos videos disponibles que sean entretenidos y lleven un mensaje cristiano.
- ☐ Agradece a la persona por venir cuando sea el momento de irse.

¡ENVUÉLVELO!

1. ¿Cómo te sentiste después de tu proyecto de ministerio?

   _____

   _____

2. ¿Te has divertido en la fiesta? ¿Crees que tus amigos pasaron un buen momento?

   _____

   _____

3. Dios nos ha invitado a un tiempo eterno de celebración. Él nos ha ofrecido la oportunidad de pasar la eternidad con Él. ¿Cómo podemos mostrarle a Dios que queremos estar en Su eterna celebración?

   _____

   _____

   _____

ADMINISTRACIÓN PERSONAL

VERSÍCULO BÍBLICO

"Ten mucho cuidado, pues, cómo andéis, no como necios sino como sabios, aprovechando al máximo cada oportunidad, porque los días son malos." (Efesios 5:15-16)

¿Alguna vez le has prestado algo a un amigo y luego lo ha roto o perdido? Probablemente te molestó cuando te enteraste. Tal vez trabajaste duro por el dinero para comprarlo, o se trataba de un regalo especial de tus padres. ¿Esperas que la gente cuide de los elementos que piden prestados?

Dios espera que hagas lo mismo con las cosas que Él nos da. Todas las cosas buenas vienen de Dios, nuestro tiempo, dinero y posesiones. Tenemos que cuidar bien de esas cosas y utilizarlos sabiamente.

En Efesios 5, Pablo les dice a los cristianos que vivan con sabiduría en la forma. Alentó a los cristianos de Éfeso a aprovechar la oportunidad de servir a Dios a pesar de que vivían en un mal entorno. Los cristianos de hoy pueden ver un montón de cosas malas que suceden. Sin embargo, los cristianos de hoy tienen la oportunidad de usar sabiamente lo que Dios les ha dado.

SERVICIO

Qué Puedes Hacer Con Esta Habilidad

Aprenderás a realizar un seguimiento de tu dinero, posesiones, y tiempo. Hacer tiempo para estar con Dios te ayudará a llegar a conocerlo mejor. Usar tu dinero y posesiones sabiamente te ayudará a honrar a Dios. Aprenderás a distinguir la diferencia entre lo que quieres y lo que necesitas. Puedes disfrutar del placer de compartir con los demás cuando están en necesidad.

Requisitos ✓ de Insignia

Elije cuatro de los cinco requisitos siguientes para que los Descubridores finalizasen la insignia Administración personal.

☐ Aprende cómo presupuestar el dinero.

160

- [ ] Conoce cómo abrir una cuenta de ahorros en un banco local.
- [ ] Desarrolla un plan para tener devocionales diarios.
- [ ] Aprende cómo limpiar y organizar tu dormitorio, y ten un plan para mantenerlo organizado.
- [ ] Planifica una manera de utilizar las habilidades de administración personal para ministrar a otra persona.

- [ ] **Prevenir el Fraude.** Fraude es cuando alguien roba tu tarjeta de crédito, número de cuenta bancaria, u otra información personal y la utiliza para pretender ser tú. La persona entonces compra cosas con tu dinero. Para evitar esto, fotocopia el anverso y reverso de tu tarjeta de crédito y tarjetas de identificación, guarda todos los recibos, y guarda una copia del número de teléfono de la compañía de tarjetas de crédito. Tus padres pueden ayudarte a mantener esta información y el número de tu cuenta bancaria en un lugar seguro.

#1 Seguridad

- [ ] **La Seguridad de Limpieza.** Cuando estás limpiando y organizando un área en la iglesia, primero asegúrate de que los objetos peligrosos están fuera del camino, incluyendo cables con corriente o enchufes sin protección, tablas con clavos salidos, o herramientas afiladas. Sigue cuidadosamente las instrucciones de limpieza de las etiquetas de suministro.

PALABRAS PARA SABER

Tarjetas de Crédito: Cuando usas una tarjeta de crédito, estás comprando algo ahora y prometiendo pagar por ello más tarde.

Presupuesto: Se trata de un plan delineando cómo vas a utilizar tu dinero.

Saldo: Esta es la cantidad de dinero que queda después de haber hecho un pago. Por ejemplo, si pagas $90 de un cargo de $ 100, el saldo sería de $ 10.

Interés: Este es el dinero que una empresa te cobra por prestarte dinero.

Devociones: Dedicar un tiempo para hablar con Dios y leer la Biblia.

Diezmo: Este es el dinero que le damos a la iglesia para que la obra de Dios se pueda hacer. La Biblia dice que diezmemos el 10 por ciento de nuestro dinero.

Social

LLEVANDO LAS CUENTAS: Sesión 1

¿Recibes dinero de bolsillo o dinero por hacer tareas? ¿Tus padres te permiten utilizar una tarjeta de crédito? Tal vez consigues dinero para tu cumpleaños, o cuidas niños, repartes periódicos, o cortas césped. No importa lo mucho o poco dinero que haya, aprender a manejarlo ahora puede ayudarte a manejar grandes cantidades de dinero en el futuro. Echa un vistazo a Mateo 25: 14-30 para leer la parábola de Jesús sobre los funcionarios que fueron responsables de la administración del dinero. Esto es lo que puedes hacer para realizar un seguimiento de tu dinero en efectivo.

Seguir La Pista Del Dinero Que Reciben.

Cuando haces un presupuesto, planeas cómo vas a utilizar tu dinero. Cuando haces un presupuesto y te atienes a él, sabes cuánto dinero tienes para gastar. Puedes ahorrar para las cosas que deseas si no tienes suficiente dinero para comprarlas de inmediato. He aquí un ejemplo de un presupuesto:

Dinero que recibí esta semana: $**20**

Dinero de diezmo (diezmo es del 10 por ciento, o 10 centavos por cada dólar que hagas): $**2**

Dinero que voy a ahorrar: $**5**

Dinero que puedo gastar:$**13**

Mí presupuesto
Dinero que recibí esta semana: _____
Dinero de diezmo: _____
Dinero que voy a ahorrar: _____
Dinero que puedo gastar: _____

¡¡¡Cargar!!!

Las tarjetas de crédito están por todas partes. La mayoría de las empresas las aceptan. Pero, ¿qué son? Cuando utilizas una tarjeta de crédito, estás comprando algo ahora y prometiendo pagar por ello después. Una empresa de tarjetas de crédito te presta dinero, y pagas a la compañía de tarjetas de crédito de nuevo. Pero ¡cuidado! Puedes pagar una cantidad menor de dinero en un momento si no puedes pagar la totalidad de tu factura a la vez. ¡Pero tendrás que pagar más! La compañía de tarjetas de crédito añade interés a tu factura si tu saldo, o la cantidad que debes, no se pagan en su totalidad cada mes. El interés es dinero que una empresa te cobra por los préstamos que te hacen. Así que, las tarjetas de crédito no son dinero gratis.

Algunos padres dejan que sus hijos utilicen tarjetas de crédito. Estas tarjetas tienen un límite de gasto para evitar gastar más dinero del que tienes. Si se te permite utilizar una tarjeta de crédito cuando hagas compras, guarda todos tus recibos y tu factura de tarjeta de crédito en el mismo lugar. Escribe en tu hoja de presupuesto cuánto cobrarás, y compáralo con tu presupuesto. Resta la cantidad que cobrarás a partir de la cantidad que te queda para gastar.

¡Ahorra Tu Efectivo!!

Es tentador gastar dinero tan pronto como lo tienes. Pero ahorrar dinero no tiene que ser difícil. Si guardas un poco cada vez que recibas dinero, se convertirá en un hábito. ¡Te sorprenderá la cantidad de dinero que puedes ahorrar! Puedes mantener tu dinero en una alcancía o banco de moneda en el hogar, o puedes abrir una cuenta de ahorros en un banco o cooperativa de crédito.

Si mantienes el dinero en una cuenta de ahorros, el banco te paga intereses, el dinero que ganan para mantener una cuenta de ahorros. Si quieres poner dinero en un banco o cooperativa de crédito, encuentra un lugar que sea fácil de llegar, no pagas una cuota por tener o abrir una cuenta, recibes intereses no importa cuán pequeña sea la cuenta.

¡No Te Olvides De Dios!

Recuerda, todas las cosas que tenemos son dones de Dios. El diezmo es una forma de usar el don del dinero sabiamente. El diezmo es el dinero que le damos a la iglesia para la obra de Dios. La Biblia dice que el diezmo es el 10 por ciento de nuestro dinero, o 10 centavos por cada dólar que recibimos. Los cristianos no diezmamos sólo porque Dios lo pide, sino porque amamos a Dios y queremos dar parte de lo que tenemos para ayudar a otros a aprender acerca de Dios.

El dinero del diezmo y las ofrendas pagan el edificio de la iglesia, la electricidad, el gas y el agua. También pagan el sueldo del pastor y del personal de la iglesia. El dinero también compra los suministros para la iglesia y también se utiliza para proyectos de ministerio de tu iglesia. También ayuda a que tu iglesia apoye el distrito y la iglesia general y a sus misioneros.

Gasta Con Prudencia

Dios no quiere que perdamos nuestro dinero. Aquí hay algunas cosas que debes hacer antes de hacer una compra:

- ☐ ¿Es este artículo bueno para mí?
- ☐ ¿Cuánto tiempo durará?
- ☐ ¿Funcionará como decían los anuncios?
- ☐ ¿Es esto algo que realmente quiero?
- ☐ ¿Es esto algo que realmente necesito?
- ☐ Si no funciona, ¿puedo recuperar mi dinero?

Aquí hay algunas cosas a tener en cuenta cuando vaya de compras:

- [ ] Compara el precio del mismo artículo en diferentes tiendas.
- [ ] Compara la calidad de las diferentes marcas. Querrás la mejor calidad por el precio más bajo.
- [ ] Usa un cupón o espera hasta que el artículo salga a la venta.

MARCANDO EL TIEMPO: Sesión 2

Todo el mundo tiene la misma cantidad de tiempo: 24 horas al día. Lo que hagas con tu tiempo es muy importante. ¿Haces deportes, tomas clases de música, asistes a grupos religiosos o clubes después de la escuela? ¿Pasas mucho tiempo viendo la televisión, jugando videojuegos, o sentado en una computadora? ¿Prefieres pasar tiempo con tus amigos o jugar afuera? ¿Ayudas con las tareas o ganas tu propio dinero?

Es tentador pasar demasiado tiempo viendo televisión o jugando juegos, postergando proyectos hasta el último minuto. Al hacer esto, no sólo el trabajo que hagas es de mala calidad, también te sentirás estresado. Cuando pasas tu tiempo sabiamente, tendrás tiempo suficiente para trabajar y jugar. También tendrás tiempo suficiente para estar con Dios y servirle. Hazte estas preguntas cuando estés tomando decisiones sobre el tiempo:

- [ ] ¿Hay algo más que debería estar haciendo, como tareas, o pasar tiempo con mi familia?
- [ ] ¿Esta actividad es dañina para mí o para alguien más?
- [ ] ¿Esta actividad complace a Dios?
- [ ] ¿Esta actividad me ayudará a relajarme?
- [ ] ¿Voy a tener la tentación de hacer cosas pecaminosas?
- [ ] ¿He pasado tiempo con Dios hoy?

Pasa Tiempo Con Dios

Los amigos se conocen por pasar tiempo juntos. Dios quiere ser tu amigo. Él quiere que pases tiempo con él para que puedas llegar a conocerlo mejor. Apartar el tiempo de Dios se llama **devociones**.

A veces la gente ocupada no hace tiempo para Dios. Debido a que la gente no puede ver ni oír a Dios como ven y oyen a otras personas, se olvidan de pasar tiempo con Él. Entonces, ¿cómo pasas tiempo con Dios, cuando no lo puedes ver? Hay varias maneras:

1. **Leer la Biblia.** La Biblia es la Palabra de Dios. Nos ayuda a aprender acerca de Él y nos dice cómo vivir como Dios quiere que vivamos. Es por eso que es bueno leer la Biblia todos los días.

2. **Hablar con Dios.** Dios se preocupa por nosotros y quiere hablar con nosotros. Orar es un tiempo especial cuando hablamos con Dios acerca de cualquier cosa. Su Espíritu puede ayudarnos a saber lo que Él quiere que hagamos. Recuerda, cuando oramos, no sólo estamos dando a Dios una lista de cosas que queremos. También tenemos que tomar tiempo para alabarle, darle gracias, y escucharle.

3. **Ir a la Iglesia.** Vamos a la iglesia para adorar a Dios, aprender de Él, y pasar tiempo con otros cristianos. Adquiere el hábito de ir cada semana a la iglesia, o tan a menudo como puedas.

LLEVANDO UN REGISTRO: Sesión 3

Todo el mundo tiene posesiones. Mientras que algunas personas tienen más que otras, todas las cosas buenas que tenemos son regalos de Dios. Él espera que tengamos mucho cuidado de las cosas que Él nos da, así que no lo perdemos ni dañamos. Aquí hay cuatro cosas que puedes hacer para tener buen cuidado de tus posesiones:

☐ **Limpiar** tu habitación cada semana.

☐ **Organizar tu habitación!** Encuentra un lugar para todo lo que tienes. (Es posible que tengas estantes o cajas para esto.)

☐ **Guarda tus cosas.** Tan pronto como hayas terminado de usar algo, déjalo a un lado. Lo mejor es poner cada elemento en el mismo lugar cada vez.

☐ **Si algo se ensucia,** límpialo de inmediato. Cuanto más esperes, más difícil será eliminar la suciedad.

En El Lugar

Es difícil mantener tu habitación organizada cuando hay un montón de cosas por ahí que no son necesarias. Dios espera que compartamos las cosas que tenemos con otras personas que los necesitan.

¿Hay ropa que no usas más? Si la ropa está buena, puede dársela a otra persona. Si están desgastados o manchadas, puedes cortarlos para utilizar trapos.

Si tienes juguetes o juegos con los que no juegas más, habla con tus padres acerca de botarlos. Es posible que desees mantener algunos elementos especiales en una caja. Tira los juguetes o juegos que están rotos y sin arreglo.

Deshazte De Ello

Cuando llegue el momento de deshacerte de las cosas que no necesitas, pídeles ayuda a tus padres para llevar la ropa y juguetes viejos a un local de gente sin hogar o refugio familiar, tienda de segunda mano, o una unidad de ropa. ¿Sabías que algunas instalaciones de vivienda asistida y centros de discapacidad de desarrollo aceptan este tipo de donaciones? También puedes dar los juguetes en buenas condiciones para una guardería de la iglesia.

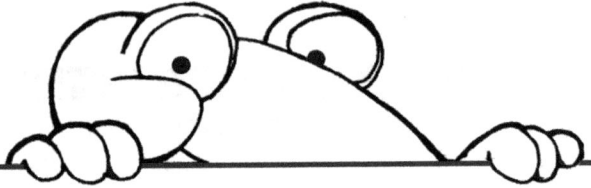

¡ENVUÉLVELO!

1. ¿Cómo te sentiste después de tu proyecto de ministerio?

_____

_____

_____

2. ¿Cómo puede Dios usar tu capacidad de administrar tu tiempo, dinero y posesiones para ayudar a otros?

_____

_____

_____

3. ¿Cómo las habilidades de Administración personal te ayudarán a tener una vida mejor?

_____

_____

_____

_____

_____   _____
Fecha   Firma del Guía

TÍTERES

VERSÍCULO BÍBLICO

"Ahora bien, hay diversos dones, pero un mismo Espíritu. Hay diversas maneras de servir, pero un mismo Señor. Hay diversas funciones, pero es un mismo Dios el que hace todas las cosas en todos." (1 Corintios 12:4-6)

¿Alguna vez sentiste que no tenías ningún talento o habilidades especiales? Tal vez no te gusta cantar o tocar un instrumento musical. Tal vez estar de pie y hablar delante de los demás te pone nervioso. Tal vez no eres muy bueno en los deportes.

Pero Dios ha dado a cada uno habilidades para utilizar. Tal vez te gusta cuidar niños o eres bueno dibujando o usando títeres. A veces, nuestros talentos especiales son cosas que la gente no puede ver, como la capacidad de animar a nuestros amigos con facilidad.

En 1 Corintios 12, Pablo recuerda a los cristianos que viven en Corinto que cada uno tiene diferentes habilidades, y Dios quiere usar estas habilidades para servirle y ayudar a otros.

COMPASIÓN

Qué Puedes Hacer Con Esta Habilidad

Las habilidades de títeres son únicas y útiles. Puedes utilizar estas habilidades para entretener a los demás, así como enseñarles acerca de Dios. La mayoría de las personas disfrutan de los espectáculos de títeres, así que las habilidades de títeres son una gran manera de contar historias Bíblicas y enseñar las verdades y versículos Bíblicos.

social

Requisitos ✓ de Insignia

Elige cuatro de los cinco requisitos para completar la insignia títeres.

- ☐ Aprende los tipos de títeres.
- ☐ Haz un títere y aprende a trabajarlo.
- ☐ Construye un escenario de títeres y realiza un sketch de títeres.
- ☐ Escribe un boceto de títere para enseñar una historia bíblica o un versículo bíblico.
- ☐ Participa en un proyecto de ministerio usando habilidades de títeres.

#1 Seguridad

■ **SIEMPRE** ten un adulto que te ayude cuando utilices una pistola de pegamento o cemento de contacto caliente.

■ **SIEMPRE** ten ayuda de un adulto cuando utilices un cuchillo o navaja X-acto.

PALABRAS PARA SABER

Títeres de Dedo: Son lo suficientemente pequeños para llevar en un solo dedo. Puedes usar más de una marioneta a la vez.

Títeres de Mano: Estos son el tipo más común de marioneta. El títere se coloca sobre toda la mano. Para hacer que la mano marioneta "hable", mueva la boca, abriendo y cerrando la mano.

Marionetas: Estos son marionetas con ataduras a sus manos, pies y boca. Para mover este títere, párate encima de ella y tira de las cuerdas.

GEPETTO POR UN DÍA: Sesión 1

Social

Hay cientos de maneras de hacer títeres. Aquí está una manera de hacer un simple títere de mano.

Hacer un Títere:

1. Dobla un plato de papel por la mitad.
2. Refuerza el borde doblado con cinta adhesiva.

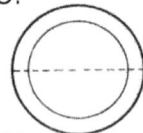

168

3. Corta un círculo de espuma de 7 pulgadas. Corta el círculo por la mitad y coloca pegamento sólo en el borde redondo.

Pegamento en el borde redondeado

Espuma

4. Coloca pegamento en uno de los bordes redondeados del plato de papel.

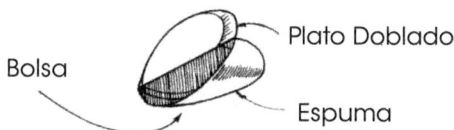

Plato Doblado

Bolsa

Espuma

5. Cuando el pegamento se vuelva pegajoso, une los bordes del semicírculo de espuma y del plato de papel Formarás una forma de bolsa

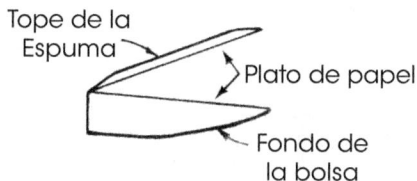

Tope de la Espuma

Plato de papel

6. Repite los pasos 4-5, adjuntar el segundo semicírculo de espuma a la parte superior d plato de papel. Formarás una segunda bolsa. (Las bolsas son donde van los dedos.)

Fondo de la bolsa

7. Recorta un círculo de espuma de 9 pulgadas. Corta una cuarta parte del círculo. Coloca pegamento en los nuevos bordes que acabas de crear. Cuando el pegamento se sier pegajoso, une los bordes. Asegúrate de que los bordes sean lisos, así sólo se verá la costura. Esto hará la parte superior de la cabeza del títere.

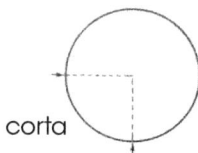

corta

8. Coloca pegamento en la parte superior de la boca del plato de papel, a lo largo del borde redondeado. Coloca pegamento en los bordes de la cabeza del títere. Cuando el pegamento se vuelva pegajoso, une los bordes del plato de papel y de la espuma.

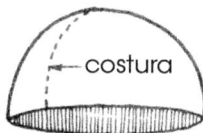

pegamento aqui

costura

9. Recorta un círculo rojo de fieltro de 7 pulgadas. Extiende ligeramente el pegamento dentro de la boca del títere (plato de papel). Inserta el círculo de fieltro y presiónalo a

169

la goma de pegar. (También puedes hacer una lengua de un color de fieltro diferente y pegarla en el centro de la boca.)

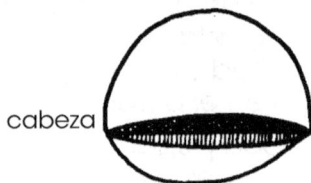

cabeza

10. Ahora es el momento de hacer el cuerpo. Corta un cuadrado de tela de 16 pulgadas y dóblalo por la mitad. Engrapa o cose los bordes para formar un tubo. Luego, grapa o cose el tubo a la cabeza de la marioneta. (El tubo debe ir en la parte trasera de la cabeza y debajo de la barbilla. Esto te permitirá poner tu brazo a través del cuerpo y deslizar los dedos en las bolsas de espuma en la boca.

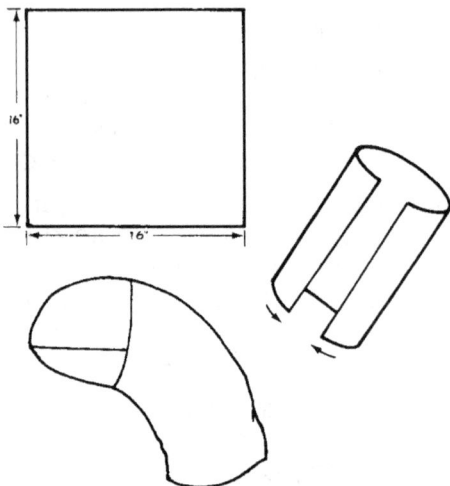

11. Para hacer los brazos, cose dos tubos largos de material con algodón o relleno. Haz una costura a través del centro del brazo para hacer los codos. Cose un extremo cerrado, y coser el otro extremo al tubo del cuerpo.

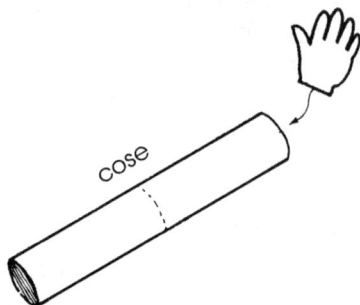

12. Corta dos formas de mano de la espuma y grapa o cóselas a los extremos de los brazos.

13. Dale un rostro a tu títere. Puedes utilizar casi cualquier material para hacer las caras de los títeres. Cose velcro en los lugares siguientes:

   a. En la parte superior de la cabeza para fijar el cabello

   b. Tres cuadrados o círculos para los ojos y la nariz

   c. En la parte posterior de la cabeza para fijar el cabello

   d. Sobre ojos y nariz

14. Pon velcro en la parte posterior del cabello, piel, o una vieja peluca para el cabello y sobre piezas de fábrica, fieltro, botones, o espuma. Usa ojos "Saltones" para hacer diferentes caras. Se tan creativo como quieras a la hora de elegir los materiales para la cara y el pelo.

TRAÉME A LA VIDA: Sesión 2

Hazlo Hablar

¡Ahora que tienes una marioneta, es el momento de traerla a la vida!

Para hacer al títere "hablar," pon la mano en la cabeza de la marioneta. Tus cuatro dedos deben ir en el techo de la boca, mientras que el pulgar va en la mandíbula inferior. Luego, sigue estos pasos:

1. Cierra la boca justo antes de que se hable una palabra.

2. En lo que se dice la primera sílaba, deja caer tu pulgar mientras mantienes tus cuatro dedos juntos. Esto mueve la mandíbula. Nota: Cuando los títeres "hablan", sólo el maxilar inferior debe moverse. Esto mantiene la parte posterior de la cabeza de tu títere.

3. Repite los pasos 1-2 para cada sílaba.

4. Cierra la boca después de que la palabra sea dicha.

5. Recuerda, cada vez que el títere no hable, su boca debe estar cerrada.

Dale una voz

Dale a tu títere una voz de carácter especial, en lugar de la tuya propia. Para hacer una voz de títere, sube o baja tu voz o usa acentos divertidos. Cuando encuentres una voz que te guste, usa la misma voz todo el tiempo para ese títere. (¡No cambies las voces en medio de una parodia!)

Muévelo

La primera regla de los títeres es que el público nunca debería ver tu brazo o cara. Debes sostener la marioneta sobre tu cabeza. Si tus brazos se cansan, intenta descansar el codo sobre una mesa, y te arrodillas detrás del escenario.

Entradas

Para entrar en el escenario, pretende que tu títere está caminando por un tramo de escaleras. Rebota suavemente la marioneta, yendo un paso cada vez, hasta que el títere esté a la vista del público.

Salidas

Para salir del escenario, aleja tu títere de la audiencia. Suavemente rebótalo mientras pretendes caminar por un tramo de escaleras.

En el Escenario

Hay tres movimientos para utilizar cuando tu títere está en el escenario:

Movimiento de dedos abrir y cerrar la boca del títere.

Movimientos de la muñeca, mueven la cabeza del títere. (Mueve tu muñeca hacia arriba y hacia abajo para decir "sí" y de lado a lado para decir "no".)

Movimientos de los brazos, mueven al títere alrededor del escenario, al igual que cuando entras y sales. Mover el brazo arriba y abajo con rapidez hace a tu títere correr.

UN EVENTO PUESTO EN ESCENA: Sesión 3

Aquí hay dos etapas títeres fáciles que puedes hacer tu mismo. **NOTA:** Recuerda obtener ayuda de un adulto cuando utilizas un cuchillo cortador de cajas o X-acto!

Aquí Está Cómo Hacer un Escenario de Títeres Simple:

1. Recorta la parte posterior de una caja de refrigerador. Deja la parte superior, inferior, frontal, y de los dos lados intacta.

2. Corta una ventana en la parte frontal de la caja. La ventana debe ser de 18 pulgadas de alto y 4 pulgadas de cada lado de la caja.

3. Grapa la tela a la parte interior de la caja, cerca de 6 pulgadas por encima de la ventana. La cortina debe cubrir la ventana.

4. Decora el exterior de la caja.

5. Para utilizar el escenario, te arrodillas o te paras dentro de la caja. Pon el títere en frente de la cortina, pero mantén el resto de tu cuerpo detrás de la cortina para que no puedan verte.

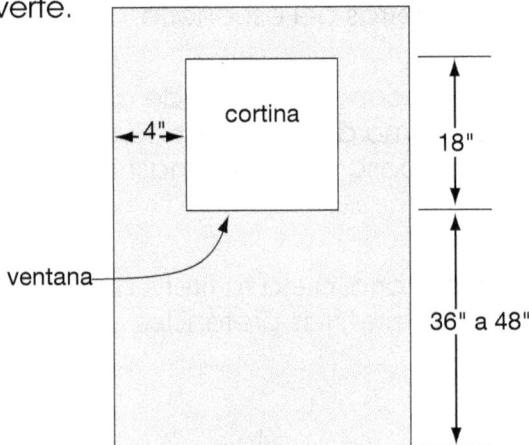

Aquí Está Cómo Hacer Cortinas:

Inferiores:

1. Corta un pedazo de tela 45"x 45". Hazle un dobladillo a la parte superior e inferior con la máquina de coser o utiliza hierro sobre-adhesivo.

2. Dobla más de 1 pulgada en la parte superior de la tela y cose una línea recta a través de la tela. Esto crea un bolsillo para la varilla de tensión.

3. Desliza una barra de tensión en el bolsillo. Coloca la varilla de tensión al escenario.

Arriba / Telón de Fondo

1. Corta una pieza de fieltro azul claro de 45" x 8".

2. Corta una pieza de fieltro azul claro de 45" x 32".

3. Junta la parte superior e inferior del escenario y haz una costura de ½ pulgada desde la parte superior. Haz otra costura de 1 ½ pulgadas en la parte superior. Desliza la barra de tensión en el bolsillo de barra.

¡Ponlo Junto!

Coloca las barras de tensión en la apertura, con el superior/inferior por encima del fondo. Ambos deben ser colocados para que puedas estar cómodamente detrás del telón de fondo.

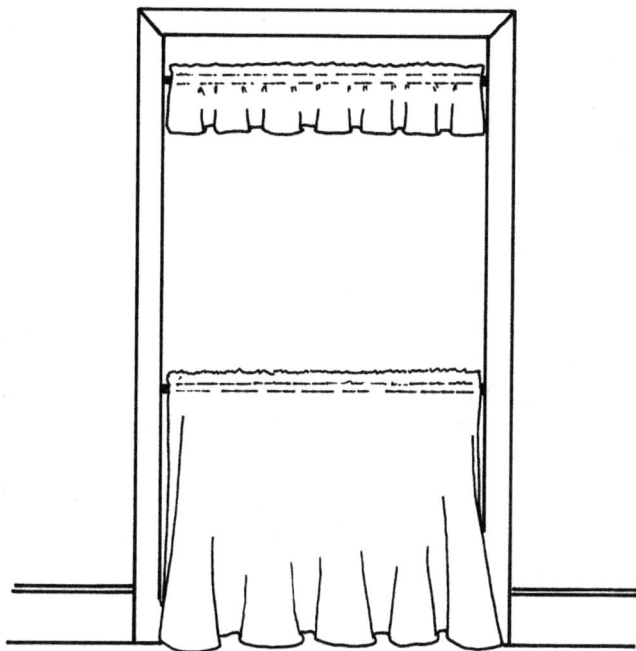

¿¿Qué Digo??

La parte más importante de una obra de teatro de títeres es el guión. ¿Qué le dirás a la audiencia, y cómo lo dirías?
Ten estas cosas en cuenta a la hora de escribir tu obra de teatro de títeres:

Número de Personas. Ten en cuenta cuántas personas trabajarán contigo.

Número de Títeres. Si tienes tres marionetas, entonces tu sketch puede tener tres caracteres. (Una marioneta puede representar un gran grupo de personas.)

Tipo de Títeres. ¿Son tus títeres personas o animales? ¿Son títeres, títeres de dedo, o marionetas?

Tamaño del Escenario. Si el escenario es pequeño, ten sólo uno o dos títeres en escena al mismo tiempo. Esto mantiene a tu escenario sin demasiada gente.

Límite de Tiempo. Lee tu sketch en voz alta para asegurarte de que encaja en el límite de tiempo. Si es demasiado corto, añade más a la historia. Si es demasiado largo, que sea más corto.

Lección Bíblica. Piensa en cómo enseñar la historia Bíblica, o verso Bíblico de una manera divertida e interesante.

¿Qué Quieres Decir?

Los guiones de Títeres se pueden utilizar para enseñar muchas cosas. A medida que escribas, piensa en lo que quieres que el público recuerde. Aquí hay algunas maneras en las que puedes utilizar los guiones:

- ☐ Enseña una historia bíblica.
- ☐ Cuenta una historia moderna.
- ☐ Revisa una historia familiar
- ☐ Enseña un versículo Bíblico.
- ☐ Enseña una canción.
- ☐ Enseña a la gente cómo deben reaccionar ante una situación

Partes de un Guion de Títeres.

Introducción
La introducción es el comienzo del guión. Cuenta a la audiencia acerca de cada personaje y de que tratará la obra.

Conflicto
Un conflicto es un problema que los personajes deben resolver. Puede ser un desacuerdo entre dos personajes, un rompecabezas que un personaje trata de resolver, o cualquier otra situación en la que un personaje o grupo de personajes tiene un problema.

174

Conclusión

Este es el final de la historia. Muestra cómo se resuelven los problemas de cada personaje.

¡ENVUÉLVELO!

1. ¿Cómo te sentiste después de tu proyecto de ministerio?

_____

_____

_____

2. ¿Cómo puede Dios utilizar tus habilidades de títeres para ayudar a los demás?

_____

_____

_____

3. ¿Cuáles son algunos de tus talentos especiales?

_____

_____

_____

4. ¿Cómo puedes usar tus talentos para servir a Dios?

_____

_____

_____

_____

_____   _____

Fecha   Firma del Guía

El ABC de la SALVACIÓN

A dmite que has pecado (hecho mal, desobedecido a Dios)

Dile a Dios lo que has hecho, arrepiéntete de ello y debes estar dispuesto a dejarlo.

Romanos 3:23 -"Por cuanto todos pecaron y están destituídos de la Gloria de Dios"

1 Juan 1:9 -"Si confesamos nuestros pecados, Él es fiel y justo para perdonarnos, y limpiarnos de toda maldad."

B usca de Dios, proclama a Jesús como tu Salvador.

Dí lo que Dios ha hecho por tí. Ama a Dios y sigue a Jesús.

Juan 1:12 -"A todos los que le recibieron, a los que creen en su nombre, les dio potestad de ser hechos hijos de Dios."

Romanos 10:13 -"Todo aquel que invocare el nombre de Señor, ese será salvo."

C ree que Dios te ama y envió a su Hijo, Jesús, para salvarte de tus pecados

Pide y recibe el perdón que Dios te está ofreciendo.

Ama a Dios y sigue a Jesús.

Juan 3:16 -"Dios amó tanto al mundo que dio a su Hijo Unigénito, para que todo aquel que en Él crea, no se pierda, más tenga vida eterna."

www.ingramcontent.com/pod-product-compliance
Lightning Source LLC
Chambersburg PA
CBHW060925040426
42445CB00011B/798